KB210152

강신익

1957년 전형적 농촌이던 안양에서 태어나 도시로 변해가는 삶의 터전을 온몸으로 느끼며 자랐다. 천문학자가 되고싶었지만 능력이 부족함을 깨닫고는 현실적 안락을 찾아 치과의사가 되었다. 그렇게 15년을 살았을 즈음 직업에 대한 회의가 몰려왔고 영국으로 건너가 2년간 의학과 관련된 인문학을 공부했다. 귀국 후에는 대학병원 치과 과장으로 일하는 한편 의과대학에서 인문학을 가르쳤다. 2004년부터는 치과 임상을 완전히 접고 인제대학교 의과대학에 인문의학교실을 개설해 주임교수가 되었다. 2013년에는 부산대학교 치의학전문대학원으로 자리를 옮겨 의과, 치과, 한의과 대학 학생을 대상으로 인문학을 가르치다 2022년 정년퇴임했다.

2007년부터 3년간 정부 지원으로 인문의학연구소를 개설해 [건강한 삶을 위한 인문학적 비전]이라는 연구 프로젝트를 수행하면서 [인문의학] 시리즈 3권을 펴냈다. 지은 책으로는 『몸의 역사 몸의 문화』, 『몸의 역사』, 『불량유전자는 왜 살아남았을까』, 『의학 오디세이』(공저), 『생명, 인간의 경계를 묻다』(공저) 등이 있고 역서로는 『공해병과 인간생태학』, 『사회와 치의학』, 『환자와 의사의 인간학』, 『고통받는 환자와 인간에게서 멀어진 의사를 위하여』 등이 있다.

지금은 『몸과 삶, 돌봄과 배움의 철학』(가제) 이란 책을 쓰고 있으며, 그동안 녹화해 두었던 강의 영상을 모아 공개한 <몸들의 수다>란 유튜브 채널을 운영하고 있다.

치유인문컬렉션

01

자기배려,
스스로 돌보는 몸과 삶

Collectio Humanitatis pro Sanatione 1

homo

미다스북스

치유인문컬렉션 도서 목록

---

* 콜렉티오 후마니타티스 프로 사나티오네(Collectio Humanitatis pro Sanatione)는 라틴어로 치유인문컬렉션이라는 뜻입니다. 세상의 상처를 치유하기 위해서는 인간이 만들어낸 모든 학문이 동원되어야 한다는 생각에서 출발합니다.

공감과 배려의 공동체는 나의 범위를 확장해 더 큰 '나'가 되게 한다.
그것은 이질적인 '나'들의 차이를 극복하고 그 차이를
내 속에서 소화해 더 큰 다른 '나'가 됨으로써만 가능하다.

우리는 그렇게 세월이 담긴 몸으로 세상을 살아간다.
세월은 내 속에 쌓이고 세월을 품은 나는 끊임없이 이 세상을 흘러간다.

흐르는 건 시간이 아니라 나 자신이다.
나는 세상을 흘러가면서 내 속에 쌓인 시간을 조금씩 덜어낸다.

내 속의 나를 키우고 바꾸기 위해서는
내가 어떤 세상 속에 있는지를 먼저 알아야 하며,
나를 나이게끔 하는 생각과 존재의 구조 또한 알아야 한다.

DNA는 진화의 기록이고 면역 세포들은
몸의 생물학적 경험을 담고 있다.
그리고 내 몸 특히 얼굴은 내가 살아온 경험이 담긴 그릇이요
내 생애의 기록이다.

사라지는 시간과 기회를 붙잡아 생명을 '소유'하려고만 하지 않고
쌓이는 세월과 지혜를 통해 인생을 '향유'하려는 목표를 세운다면

우리의 삶은 더욱 풍요롭고 아름다워질 것이라 믿는다.

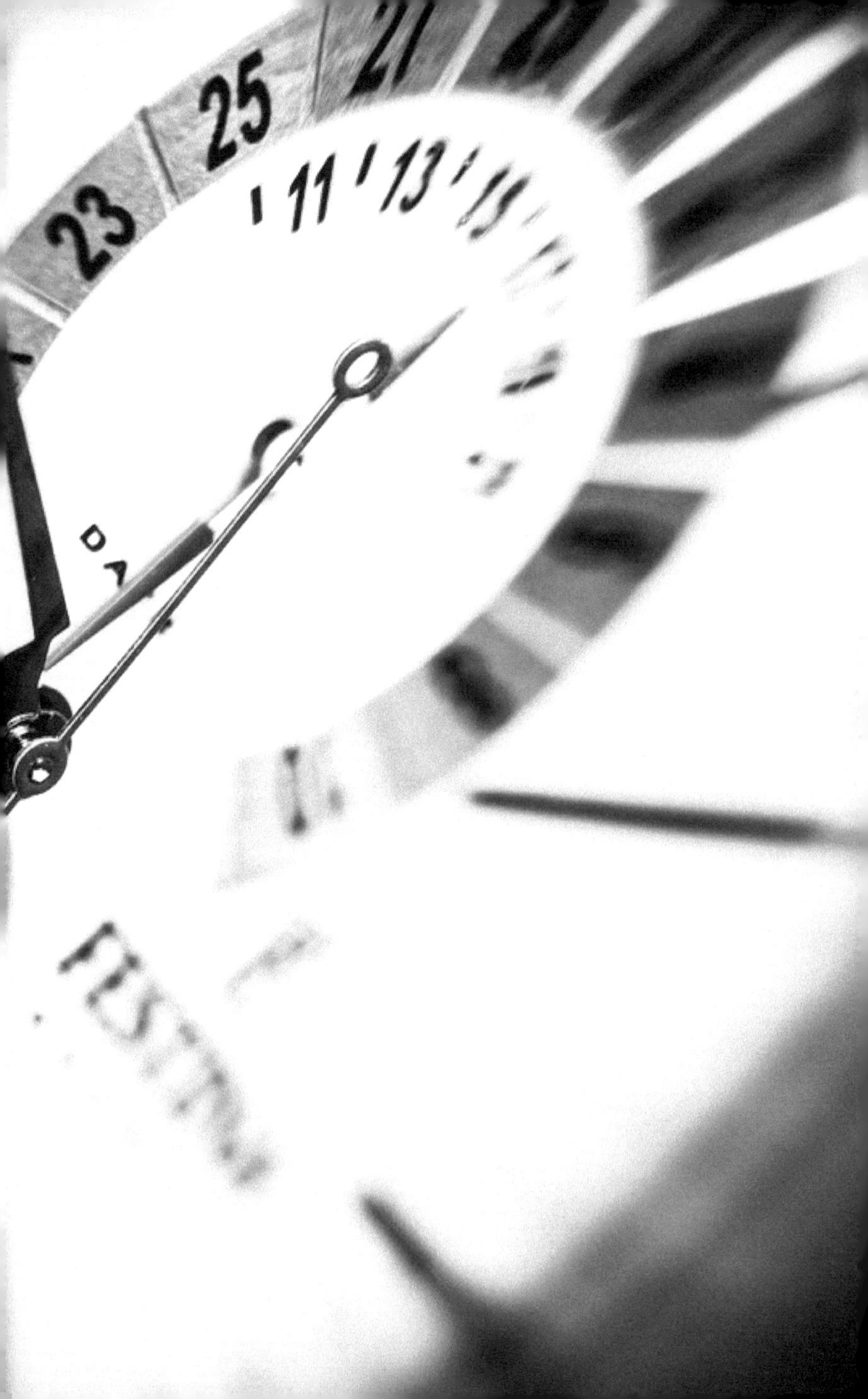
23
25
21
11
13

이 책이 전문가가 가르치는 몸의 규범이 아닌,
스스로 돌보는 몸들이 만들어 가는 삶의 규범을 위한 작은 이정표가 된다면

더 이상 바랄 것이 없겠다.

죽음의 순간에는
한평생 삶의 흔적을 품은 한 조각 느낌으로 피었다가 사라질 것이다.

목차

존재와 치유, 그리고 인문

존재

"나는 생각한다, 그러므로 존재한다."

어느 이름난 철학자가 제시한 명제다. 생각으로부터 존재하는 이유를 찾는다는 뜻이다. 나름 그럴듯한 말이지만 결국 이 말도 특정한 시기, 특정한 공간에서만 적절한 명제이지 않을까? 물론 지금도 그때의 연장이요, 이곳도 그 장소로부터 그리 멀지 않다는 점에서 그 말의 효능은 여전하다고 하겠다. 다만 존재 이전에 생각으로 존재를 규정하는 것이 가끔은 폭력이라는 생각도 든다. 나는 이렇게 실제 존재하고 있는데, 존재를 증명하기 위해 합리적이고 논리적인 설득을 선결해야 한다. 만일 존재를 설득해내지 못하면 나의 존재는 섬망(譫妄)에 불과할지도 모르다니! 그래서 나는 이 말의 논리가 조금 수정될 필요가 있다고 생각한다.

"나는 존재한다. 그러므로 존재한다."

존재 그 자체가 존재의 이유인 것이다. 누가 호명해주지 않아도 존재하는 모든 것은 나름의 이유가 있고, 존중받을 가치를 지니고 있다. 존재는 그 자체로 완전하며 누군가의 판단 대상이 아니다. 비교를 통해 우열의 대상이 되어도 안되고, 과부족(過不足)으로 초과니 결손으로 판단되어도 안된다. 또한 사람이든 동물이든, 식물이든, 벌레든 외형이 어떤가에 상관없이 세상에 나오는 그 순간부터 존재는 이뤄지고 완성되며 온전해진다. 존재는 태어나고 자라고 병들고 죽는다. 이 자체는 보편진리로되, 순간마다 선택할 문은 늘 존재한다. 그 문도 하나가 닫히면 다른 문이 열리니, 결국 문은 열려 있는 셈이다. 그 문을 지나 길을 걷다 보면 어느새 하나의 존재가 된다. 어쩌면 순간순간 선택할 때는 몰랐지만, 이것이 그의 운명이요, 존재의 결과일지도 모를 일이다. 그런 점에서 그의 선택은 그에게 가장 알맞은 것이었다. 존재는 그 자체로 아름답다.

치유

그런 점에서 치유라는 개념은 소중하다. 치유는 주체의

존재에 대한 긍정을 바탕으로 자신을 스스로 조절해가는 자정 능력을 표현한다. 외부의 권위나 권력에 기대기보다는 원력(原力, 원래 가지고 있던 힘)에 의거해 현존이 지닌 결여나 상처나 과잉이나 숨가쁨을 보완하고 위로하며 절감하고 토닥여주는 것이다. 원력의 상황에 따라서 멈추거나 후퇴하거나 전진을 단방(單方)으로 제시하며, 나아가 근본적인 개선과 전변, 그리고 생성까지 전망한다. 간혹 '치유는 임시방편에 지나지 않은가' 하는 혐의를 부여하기도 한다. 맞는 지적이다. 심장에 병이 생겨 수술이 급한 사람에게 건네는 위로의 말은 정신적 안정을 부여할 뿐, 심장병을 없애지는 못한다. 그러나 병중의 치료에 근원적인 힘은 치료 가능에 대한 환자의 신뢰와 낫겠다는 의지에 있음을 많은 의료 기적들은 증언해주고 있다. 어쩌면 우리는 이 지점을 노리는지도 모르겠다.

구름에 덮인 산자락을 가만히 응시하는 산사람의 마음은 구름이 걷히고 나면 아름다운 산이 위용을 드러내리라는 믿음을 바탕으로 한다. 내보이지 않을 듯이 꼭꼭 감춘 마음을 드러내게 만드는 것은 관계에 대한 은근한 끈기와 상대에 대한 진심이 아니던가! 치유는 상처받은 이(그것이 자신이든 타인이든)에 대한 진심과 인내와 신뢰를 보내는 지극히 인간적인 행위이다. 마치 세상의 모든 소리를 듣고 보겠다는 관세음보살의 자비로운 눈빛과 모든 이의 아픔을 보듬겠다며 두 팔을 수줍게 내려 안는 성모마리아의 자애로운 손짓과도 같다. 이쯤 되면 마치 신앙의 차원으로 신화(神化)되는 듯하여 못내 두려워지기도 한다. 그러나 치유의 본질이 그러한 것을 어쩌겠는가!

인문

우리는 다양한 학문에서 진행된 고민을 통해 치유를 시도하고자 한다. 흔히 인문 운운할 경우, 많은 경우 문학이나 역사나 철학 등등과 같은 특정 학문에 기대곤 한다. 이는 일부는 맞고 일부는 그렇지 않다. 세상은 크게 세 가지로 구성되어 있다. 여러분이 한번 허리를 곧게 세우고 서 보라. 위로는 하늘이 펼쳐져 있고, 아래로 땅이 떠받치고 있다. 그 사이에 '나'가 있다.

고개를 들어본 하늘은 해와 달이, 별들로 이뤄진 은하수가 시절마다 옮겨가며 아름답게 수놓고 있다. 이것을 하늘의 무늬, 천문(天文)이라고 부른다. 내가 딛고 선 땅은 산으로 오르락, 계곡으로 내리락, 뭍으로 탄탄하게, 바다나 강으로 출렁이며, 더러는 울창한 숲으로, 더러는 황막한 모래펄로 굴곡진 아름다움을 이루고 있다. 이것을 땅의 무늬, 지문(地文)이라고 부른다. 그들 사이에 '나'는 그

수만큼이나 다양한 말과 생각과 행위로 온갖 무늬를 이뤄내고 있다. 이것을 사람의 무늬, 인문(人文)으로 부른다.

인문은 인간이 만들어내는 모든 것을 가리킨다. 그 안에 시간의 역사나 사유의 결을 추적하는 이성도, 정서적 공감에 의지하여 문자든 소리든 몸짓으로 표현하는 문학 예술도, 주거 공간이 갖는 미적 디자인이나 건축도, 인간의 몸에 대한 유기적 이해나 공학적 접근도, 하다못해 기계나 디지털과 인간을 결합하려는 모색도 있다. 이렇게 인문을 정의하는 순간, 인간의 삶과 관련한 모든 노력을 진지하게 살필 수 있는 마음이 열린다. 다만 이 노력은 인간이 지닌 사람다움을 표현하고 찾아주며 실천한다는 전제하에서만 인문으로 인정될 수 있다. 이제 천지와 같이 세상의 창조와 진퇴에 참육(參毓)하는 나를, 있는 그대로 바라볼 때가 되었다.

餘滴

어데선가 조그마한 풀씨 하나가 날아왔다. 이름 모를 풀씨가 바윗그늘 아래 앉자 흙바람이 불었고, 곧 비가 내렸다. 제법 단단해진 흙이 햇빛을 받더니, 그 안에서 싹이 올라왔다. 그런데 싹이 나오는 듯 마는 듯하더니 어느

새 작은 꽃을 피웠다. 다음 날, 다시 풀씨 하나가 어데선가 오더니만 그 곁에 앉았다. 이놈도 먼저 온 놈과 마찬가지로 싹을 틔우고 꽃을 피웠다. 그런데 이게 웬일인가! 그 주위로 이름 모를 풀씨들은 계속 날아와 앉더니 꽃을 피워댔다. 이들은 노란빛으로, 분홍빛으로, 보랏빛으로, 하얀빛으로, 혹은 흙색으로 혹은 알록달록하게 제빛을 갖추었다. 꽃 하나하나는 여려서 부러질 듯했는데, 밭을 이루자 뜻밖에 아름다운 꽃다지로 변했다. 생각지도 못한 일이었다!

이 컬렉션은 이름 모를 풀꽃들의 테피스트리다. 우리는 처음부터 정교하게 의도하지 않았다. 아주 우연히 시작되었고 진정 일이 흘러가는 대로 두었다. 필자가 쓰고 싶은 대로 쓰도록 했고, 주고 싶을 때 주도록 내버려 두었다. 글은 단숨에 읽을 분량만 제시했을 뿐, 그 어떤 원고 규정도 두지 않았다. 자유롭게 초원을 뛰어다닌 소가 만든 우유로 마음 착한 송아지를 만들어내듯이, 편안하게 쓰인 글이 읽는 이의 마음을 편안하게 할 것이라는 믿음 때문이었다. 우리는 읽는 이들이 이것을 통해 자신을 진지하게 성찰하고 새롭게 각성하기를 원하지 않는다. 그저 공감하며 고개를 주억거리면 그뿐이다. 읽는 분들이여, 읽다가 지루하면 책을 덮으시라. 하나의 도트는 점박이를 만들지만, 점박이 101마리는 멋진 달마시안의 세계를 만들 것이다. 우리는 그때까지 길을 걸어가려 한다. 같이 길을 가는 도반이 되어주시는 그 참마음에 느꺼운 인사를 드린다. 참, 고맙다!

2024년 입추를 지난 어느 날
치유인문컬렉션 기획위원회 드림

추천사

건강과 질병은 누구에게나 지대한 관심사지만, 우리는 의외로 그것을 이해하는 유용한 시각을 가지고 있지 못하다. 이 책은 우리에게 그 주제에 대한 새로운 관점을 제시한다. 의학에서 철학으로, 생물학, 경제학, 역사학, 심리학에서 동학사상으로 학문의 경계를 거침없이 넘어 자유분방하게 탐구를 이어가는 저자를 따라가다 보면 "아하, 그렇구나!" 또는 "정말 그렇다고?" 하는 놀라운 순간들이 나온다.

어려서부터 몸이 약하고 병을 많이도 앓아온 나는 늘 힘든 몸을 달래고 격려해가면서 살아왔다. 힘이 너무 들 때는 의지력으로 몸을 이겨내야만 한다고 생각한 적도 많았다. 그 과정에서 사랑하는 사람들과 이름 모를 이웃들의 도움을 한없이 받았다. 부모님과 동생들은 눈에 안 띄게 나를 살폈고, 어릴 적 친구는 책가방을 들어주었고, 남편은 늘 손을 잡고 다닌다. 공항에서 옆에 서있던 사람은 짐을 내려주고, 장바구니가 무거운 날은 이웃이 엘리베이터까지 들어다 준다. 세월이 흐르고 보니 나는 하고 싶은 공부도 하고 일도 하고 세계의 여러 곳을 다니고 좋은 사람들을 만나 분에 넘치는 행복을 누리고 살았다. 병은 늘 어려웠지만 나를 결정적으로 방해하지는 못했다. 지금도 병앓이는 나를 가끔 기죽게 만들지만, 자만에 빠지지 않게 하고 어려움을 겪는 사람들에게 깊이 공감하게 만든다. 벗어날 수 없는 고통에도 불구하고 자주 웃을 수 있는 삶의 자세를 견지하기 위해 노력하게 한다. 병의 경험이 불행이기만 하다면 참 곤란하니까. 이런 것이 저자가 말하는 '이야기'일까?

다가온 병들을 평생에 걸쳐 잘 앓아내는 것, 질병의 경험을 통해 자기만의 이야기를 만드는 것, 그 이야기를 통해 서로 연결하고 공감함으로써 의미를 찾고 치유를 경험하는 것이 이 책이 제시하는 '병앓이'의 길이다. 살아온 시간이 몸속에 쌓여서 그로부터 지혜와 통찰을 얻을 수 있다면, 이 자기 배려의 규범을 통해 인생을 향유할 수 있을 것이라고 저자는 말한다.

_정진경 (심리학자, 전 충북대 교수)

머리말

몸과 삶의 규범

"재물을 잃으면 조금 잃은 것이고, 명예를 잃으면 많이 잃은 것이며, 건강을 잃으면 모두 잃은 것이다."라는 말이 있다. 건강이 만복의 근원이라는 뜻으로, 돈과 명예만을 추구하는 세속적 욕망의 덧없음을 일깨워 주는 격언이다. 우리는 이것을 옛사람의 지혜로 알고 있지만, 조금만 더 자세히 들여다보면 그리 오래되지 않은 과거에 만들어진 격언임을 알 수 있다. 우리가 건강(健康)이라는 말을 쓰기 시작한 시간이 불과 백여 년밖에 되지 않기 때문이다. 조선 오백 년을 지배한 유교 전통에서 강조한 다섯 가지 복[五福]에도 건강은 없다. 굳이 비슷한 것을 찾는다면 오래[壽] 편안하게[康寧] 사는 것이 있지만, 이것도 물질적 풍요[富]와 덕을 좋아하고[攸好德] 부모를 잘 모시고 편안하게 죽는 것[考終命]과 함께하는 것일 뿐 다른 복들에 우선하지는 않는다. 몸[身]을 물질적 존재인 동시에 도덕적 삶의 주체로 여겼던 전통 시대의 상식이 반영된 가치체계다.

강녕(康寧)의 편안함(康)은 예전부터 있던 것이지만 튼튼함(健)이란 글자가 추가된 건강 개념은 힘으로 상대방을 굴복시키던 자본주의와 제국주의가 세계를 지배하기 시작한 19세기 말 일본인이 만든 것이다. 이러한 역사적 맥락을 고려하여 조금 삐딱하게 해석해 보자면, 위 격언이 말하는 건강은 재물과 명예라는 목적을 위한 토대이며 수단이다. 건강이 근본이고 재물과 명예는 부차적일 뿐이라는 당위의 메시지를 담고 있지만, 다른 한편으로는 그럴 수 없는 현실을 반영 또는 비판하는 말이기도 하다.

이런 현실은 최근 발표된 여러 연구로 증명된다. 2018년에 발표된 자료에 따르면, 재산 감소를 겪으면 사망률은 평소의 2배가 넘으며, 항시적 가난을 겪은 경우는 그보다도 더 높았다고 한다. 경제적 불황은 혈압과 혈당뿐 아니라 비만 인구의 비율도 높인다는 연구 결과도 있다. 재물과 건강이 상호 의존적인 것은 부인할 수 없는 현실이다.

명예로 대변되는 인간관계의 질에 대해서도 똑같이 말할 수 있다. 2016년 통계개발원이 발표한 자료에 따르면 인간관계는 경제적 안정과 함께 삶의 만족도에 가장 큰 영향을 주는 요인이다. 인간관계가 좋으면 고혈압, 비만,

염증으로 인한 위험도 줄어든다. 격언은 재물, 명예, 건강의 중요성을 차별적으로 강조하지만, 현실은 그 요인들이 분리할 수 없을 만큼 밀접하게 얽혀있다는 것이다.

따라서 사회적이고 심리적인 환경을 떠나 몸의 튼튼함과 편안함만을 강조하는 건강은 공허하다. 세계보건기구는 건강을 "생물학적, 심리적, 사회적 안녕 상태"로 정의했지만, 생물 외적 요소를 '추가'하는 것만으로는 그 요소들이 어떻게 얽혀있는지 보여주지 못한다. 현대 생물의학이 그 빛나는 성과에도 불구하고 많은 사람의 불만을 사고 있는 것도 이렇게 얽히고설킨 삶의 현실을 제대로 다루지 못하기 때문이다. 상호 독립적인 요인들의 집합으로 정의된 건강이 아닌 실존적 삶을 중심으로 한 새로운 몸의 규범이 필요하다.

서울대학교 보건대학원 앞 표지석에 새겨진 "건강은 국력"이라는 표어는 개인의 건강을 국가 공동체를 강하게 하기 위한 수단으로 여기는 속내를 감춤 없이 보여준다. 건강은 나중에 추가된 사회적, 심리적 요인에도 불구하고 생물학적 신체를 중심으로 한 개념이며 개인 또는 국가사회의 성공에 필요한 '힘'으로 정의된다. 국가에 대한 의무보다 개인의 권리와 행복을 중시하는 21세기 젊은이가 국가 이데올로기에 오염된 이와 같은 건강을 진지하게 받아들이지는 않을 것이다. 건강이 아닌 새로운 몸의 규범이 필요한 두 번째 이유다.

이 책은 '생물학적 몸의 정상상태'라는 건강의 개념에서 벗어나 환경과 더불어 '변해 가는 몸'을 중심으로 하는 삶의 규범을 찾아 나선 여행 중에 느끼고 알게 된 것을 모아 정리한 것이다. 우리는 규정된 개념으로서의 건강이 아닌 삶의 과정에서 솟아오른[創發] 규범들의 진화 과정을 탐색하게 될 것이다.

1장에서는 우리가 상식으로 알고 있는 건강과 질병의 개념이 실제로는 우리가 살고 있는 특정 시기와 문화에 독특한 것이라는 사실을 역사와 문화에 대한 성찰을 통해 폭로한다. 고대 그리스와 동아시아 전통 의학이 몸의 문제를 풀기 위해 활용한 테크네(techne)와 의(毉, 醫, 翳)라는 행위규범 속에 담긴 앎과 삶의 모습들을 추적하고, 설계도에 따라 제작된 기계가 아닌 자연이 주고 사람이 가꾸는 정원과 같은 몸을 사유하자고 주장한다. 여기서 강조하려는 것은, 앎의 대상이기만 한 몸이 아니라 삶의 주인이기도 한 몸이다.

2장에서는 흔히 몸과는 전혀 다른 실체로 여겨지는 마음이 사실은 몸의 속성일 뿐이라는 주장을 소개한다. 여기서는 주로 진화생물학의 연구 결과를 활용하여 마음을 자율적이고 독립적인 판단 주체가 아닌 생명의 진화 과정에서 생성된 자연스러운 몸의 지향성으로 이해한다. 주인인 마음이 몸을 통제하는 규범이 아니라 몸이 주체인 동시에 대상인 삶을 사유하는 데 필요한 준비운동인 셈이다. 이렇게 생각의 틀을 바꾸면, 우리는 몸을 통해 마음의 길을 디자인할 수 있게 될 것이고 마음의 지향을 통해 새로운 몸의 규범을 창출할 수도 있을 것이다.

3장은 현대인에게 두드러지게 나타나는 몸의 현상인 피로의 문제를 다룬다. 우리 조상들에게 피로는 사냥이나 전쟁에서의 성공과 승리와 같은 중요한 보상과 함께 주어지는 의미와 가치가 있는 경험이었다. 하지만 스스로 의미 있는 일을 찾기보다 자본에 의해 강제된 욕망을 실현하는 삶을 살 수밖에 없는 현대인에게는 무의미하고 불필요한 현상일 뿐이다. 2000년대의 웰빙 열풍은 이렇게 보상의 구조에서 벗어난 피로에 대한 일종의 적응이었다. 하지만 그 적응마저 자본주의의 구조에 포섭되어 마치 유기농 식품이나 여행과 같은 상품을 소비하는 것이 웰빙인 것처럼 되어버렸다. 이 장에서 나는 상품의 소비가 아닌 피로를 즐기는 새로운 자아의 보상 형식을 찾아야 하며, 평범한 삶의 이야기 속에 들어있는 깊은 심심함을 즐길 수 있어야 한다고 주장한다.

4장에서 다루는 고통도 그것과 더불어 주어졌던 성취감이라는 보상이 사라진 현실과 관련된 문제다. 조상들이 고통에 수반하는 강한 성취감과 자존감으로 그것을 상쇄했다면, 현대인에게는 고통의 의미 없음이 고통의 원인이다. 이 장에서는 고통을 치유하는 삶의 규범으로 '앓아내기'와 '깨기'의 두 가지 전략을 제안한다. 여기서도 생물학적 신체에 갇힌 몸이 아니라 밖으로 열려 있고 다른 몸과 소통하는 인문적이고 사회적인 몸이 강조된다.

5장은 이 책의 결론과 같은 장으로 앞에서 논의했던 건강, 웰빙, 치유, 참살이 등이 결국은 자기 배려라는 규범으로 수렴될 수 있음을 보여준다. 과학과 인문학, 동양과 서양의 과학과 지혜를 묶어 더 큰 나를 만들어 가는 자기 배려의 규범을 만들어야 하고 그럴 수 있다고 주장한다.

이 책이 전문가가 가르치는 몸의 규범이 아닌, 스스로 돌보는 몸들이 만들어 가는 삶의 규범을 위한 작은 이정표가 된다면 더 이상 바랄 것이 없겠다.

이 책의 1장, 5장은 이전에 출판된 글들을 수정 보완해 재수록한 것이다. 1장은 『미래 인문학 트랜드』에 「의료인 문학—몸의 문제를 푸는 삶의 지도가 있을까」라는 제목으로 실렸고, 4장은 『문학과 의학』에 실린 「고통의 인문학」을 수정한 것이다.

1

앎의 지도와
삶의 나침반

배탈이 났거나 감기에 걸렸을 때 우리는 가장 먼저 그 병을 일으켰을 것으로 의심되는 상한 음식이나 찬바람 등의 외부 요인을 찾아내려고 한다. 그래야 그 원인을 제거해 병을 치료하고 이후 생활 습관을 바꿔 그런 일이 생기지 않도록 주의를 기울일 수 있기 때문이다. 또는 최근에 스트레스를 심하게 받았다거나 과로를 해 몸의 상태가 좋지 않았다는 둥 몸 내부의 요인을 찾아 설명하기도 한다. 이렇게 몸에 생긴 문제의 원인을 찾아 설명하고 해결하는 전문 분야가 의학이다.

의학은 많은 사람을 한꺼번에 죽이던 전염병을 거의 정복했고 인간의 수명을 크게 늘이는 등 눈부신 성과를 이뤄냈다. 하지만 모든 몸의 문제를 물질의 메커니즘으로만 다룸으로써 인간의 실존을 소외시키고 있다는 비판에 직면해 있기도 하다. 신자유주의의 물결 속에서 대부분 의료서비스가 상품으로 취급됨에 따라 상업적 의료와 의료 본연의 인간 서비스 사이에서 심각한 갈등이 생기기도 한다.

의료인문학은 이와 같은 문제들을 풀어보려는 노력이 모여서 만들어지는 생각의 틀이자 삶의 지도라고 할 수 있다. 의학은 병을 다루고 의료인문학은 의학이 병을 다루는 방식을 비판적으로 검토한다. 의료인문학은 사람의 문제를 다루는 '인문학'이지만, 그 문제는 몸을 기계적 메커니즘으로 환원시킨 '과학'적 의학과 의료서비스를 상품화한 '사회'를 그 원인으로 가지고 있기 때문이다. 따라서 과학적 의학이 사람의 몸을 다루는 방식과 사회가 그 몸에 생긴 병을 다루는 방식을 비판적으로 검토한 후 대안을 제시할 수 있어야 한다. 먼저 우리가 병을 앓고 의학이 그것을 다루는 방식에서 시작해 보자.

병을 경험하는 방식 : 고치기에서 앓기로

질병이 존재하는 방식과 그것을 경험하는 방식은 시대에 따라, 문화에 따라, 그리고 사람에 따라 크게 다를 수 있다. 그것은 우리가 쓰는 일상 용어 속에 녹아있기도 하다. 어떤 사람은 병에 '걸렸다.'라고 하고 다른 사람들은 병이 '들었다.'라거나 병이 '났다.'라고 말한다. '병에 걸리다.'와 '병들다.'라는 표현 속에는 그것이 우리 몸 '밖'에 존재한다는 전제가 깔려있다. 병에 걸렸다고 말하면 마치 길을 가다 돌부리에 걸려 넘어지는 상황에서처럼 운이 나빠 병을 얻게 되었다는 생각이 반영되어 있다. '병들다.'라는 표현에는 몸 밖에 있던 병이 몸속으로 들어왔다는 느낌이 포함되어 있다. 반면에 '병난다.'라는 표현은 병이 몸속에 잠재적 상태로 있다가 어떤 계기로 변화된 몸의 상태로 표현되는 상황을 떠올리게 한다. 우리 대부분은 병을 외부에서 몸으로 스며들거나 몸속에서 밖으로 드러나는 것으로 경험하는데, 여기서 병을 경험하는 주체의 역할은 제한적이다.

하지만 병을 ᄒᆞ고, 앓고, 고친다는 말속에는 그 병을 경험하는 주체의 역량이 강조되어 있다. '병ᄒᆞ다'는 표현은 이제 거의 사라져 버렸지만, 20세기 초까지만 해도 질병 경험을 표현할 때 자주 사용되었다고 한다. 이 속에는 병의 존재보다는 나 또는 나의 몸이 그것을 어떻게 다루는지를 강조하는 느낌이 포함되어 있다. 병을 '앓는다.'라는 표현 속에는 병을 경험하는 몸의 역량이 더 많이 반영되어 있다. 병이 나거나 병에 걸렸을 때 우리는 수동적으로 그 병을 'ᄒᆞᆯ' 수밖에 없지만, 더 적극적으로 그것을 '앓아내어' 새로운 '나'가 될 수도 있다.

나는 병을 '앓다.'라는 말이 '알[卵]'에서 왔다고 생각한다. 여러 문화권의 신화에서 위대한 인물은 알을 깨고 나오는 경우가 많다. 신라와 고구려의 시조인 박혁거세와 동명성왕도 그렇게 알에서 태어났다. 알에서 나오려면 알 속에서의 성숙과 껍데기를 깨는 고통스러운 과정이 있어야 하고 그 결과 새로운 세상이 열린다. 알을 깨는 노고와 아픔이 없다면 새 세상도 없다. 그래서 나는 알을 '깨다.'라는 말에서 '깨닫는다.'라는 말이 나오지 않았을까 생각한다. 알을 깨거나 깨달음에 이르려면 알 속에서의 성숙 과정이 있어야 한다. 그렇게 천천히 자신을 실현해 가는 과정이 앎이고 '알다.'라는 말도 '알'에서 왔을 가능 성이 크다고 본다.

병을 앓는 과정을 앎 속에서의 성숙 과정에 빗대어 설명한다면 지나친 상상이고 비약일 테지만, 병에 대한 새로운 이해의 방식으로는 나쁘지 않다. 이 비유에 따르면 병을 앓는 것은 내가 내 몸을 알아가면서 새로운 가능성을 발견하고 실현하는 과정이다. 미셸 푸코가 말하는 '자기 실천'의 논리와 비슷하다. 그는 이렇게 말했다. "자기 실천의 목표는 자기 자신 내에서 결코 나타날 기회가 없었던 속성을 자기 자신과 일치시키면서 자기를 해방하는 행위다."[3] 이 말은 이렇게 바꿀 수 있다. "병이란 나타날 기회가 없었던 내 몸의 속성이다. 그리고 병을 앓는 것은 그 속성을 나와 일치시켜 새로운 내가 되는 과정이다." 이렇게 '앓다'와 '알다' 그리고 '앎'이 '알'이라는 공통의 어원을 가진다고 추론하면, 병을 앓는 것은 병을 '하는' 것이고 그 과정에서 새로운 나를 발견하고 실현하는 고통스럽지만 창조적인 과정이 된다.

병을 앓다 보면 목숨을 잃을 수도 있고 불구가 될 수도 있다. 그래서 우리는 병을 하거나 앓기보다는 고치기를 원한다. 병을 고친다는 말속에는 병을 몸의 '고장'으로 보는 생각이 들어있고, 몸에 고장이 난다는 발상에는 그 몸이 기계라는 전제가 깔려있다. 우리는 몸이 기계보다 훨씬 더 복잡 미묘한 유기체라는 걸 잘 알지만, 몸에 병이 생겼을 때 몸에서 그 병을 제거하거나 병든 몸을 고쳐야 한다는 생각이 잘못되었다고 느끼는 사람 또한 거의 없다. 우리는 하루 종일 기계에 둘러싸인 채 기계를 통해 일하고 기계에 의지해 먹고 마시고 운동하고 잠든다. 보일러로 덥히거나 에어컨으로 식힌 아파트에서 잠자고, 전기밥솥으로 한 밥과 냉장고에서 꺼낸 반찬을 먹고, 자동차를 타고 출근해서 컴퓨터로 일을 하고, 자판기에서 뽑은 커피를 마시고, 헬스센터의 기계 위에서 운동하고, 수면의 질을 체크하는 스마트워치를 손목에 찬 채로 잠을 잔다. 이런 상황 속에서는 몸마저도 기계로 여기는 무의식이 오히려 자연스럽다.

몸이 기계면 병은 그 기계의 고장이다. 영어에서는 병을 질병(disease)과 병환(illness)으로 나누는데 전자는 병의 '존재' 즉 고장을 확인할 수 있는 몸의 이상을 말하고 후자는 그런 이상으로 인한 환자의 주관적 '경험'이다. 이런 구분은 몸을 기계로 병을 고장으로 여기는 동시에 경험(illness)을 존재(disease)와 구분하려는 사유 양식이 작동한 결과다.

하지만 이 단어들을 자세히 살펴보면 그런 구분이 상당히 억지스러운 것임을 알 수 있다. 병의 존재를 나타내는 말(diseases)은 편치 않음(dis-ease)의 뜻에서 왔고, 경험을 가리키는 말(ill-ness) 또한 불길하고 불쾌하거나 사악한 상태(ill)라는 뜻에서 왔다. 둘 다 존재보다는 경험 또는 상태를 표현하는 말인데 이것을 인위적으로 존재와 경험에 할당한 것들로 구성된 세상에 사람의 경험을 억지로 꿰맞춘 느낌이다.

일단 몸을 기계로 여기게 되면 병은 이렇게 존재와 경험으로 분리된다. 기계들로 구성된 세상에 사람의 경험을 억지로 꿰맞춘 느낌이다. 일단 몸을 기계로 여기게 되면 병은 이렇게 존재와 경험으로 분리된다. 우리가 한꺼번에 많은 사람을 죽음으로 몰아넣었던 전염병을 극복하고 심각한 외상을 고쳐 오랫동안 살아남을 수 있는 것도 이러한 이분법이 아주 잘 작동했기 때문일 것이다. 현대의학의 승리는 대부분 기계인 몸을 고치는 기술의 덕이다.

하지만 몸을 기계가 아닌 존재와 경험의 종합 또는 삶의 과정으로 이해하게 되면 이야기가 전혀 달라진다. 영어에서 몸을 지칭할 때는 거의 다 바디(body)를 쓰지만, 독일어에서는 물질적 존재로서의 몸과 경험의 담지자인 몸이 구분된다. 쾨르퍼(Körper)는 영어의 바디(Body)와 거의 같은 뜻이지만 라이프(Leib)는 그 몸으로 살아온 인생의 경험 그러니까 삶의 가치와 의미까지 포함하는 살아온 몸(lived body)이다. 한자어 육(肉)과 신(身)의 뜻도 이와 비슷하게 구분된다. 영어에서 몸은 그저 물질일 뿐이고 병을 존재와 경험으로 구분하지만, 독일어와 한자어에서는 존재(Körper와 肉)와 경험(Leib와 身)이 몸 자체의 속성이다.

우리말에서는 몸의 존재와 경험을 구분하는 경계 자체가 매우 희미하다. '몸'이란 말속에는 이미 물질, 경험, 당위가 포함되어 있다. 군인의 몸이란 표현 속에는 이미 군인이라는 몸—사람의 정체성과 지켜야 할 도덕규범이 담겨있다. 몸과 마음은 철자와 발음도 비슷하고 의미상의 거리도 그리 멀지 않다. 그래서 도올 김용옥을 비롯한 몇몇 철학자는 몸과 마음을 합쳐 '몸'이라 하기도 한다.

몸의 은유 : 기계에서 정원으로

우리가 살고 있는 지금 여기는 몸이 기계인 시대고 장소다. 각 시대와 장소에는 나름의 시대정신과 문화가 있기 마련이지만, 21세기는 장소에 따른 문화의 구분이 점차 약해지는 세계화의 시대다. 그래서 몸과 병을 앓는 방식의 차이도 점차 사라진다. 우리의 의식은 몸을 기계로 여기는 것이 단지 은유일 뿐이라는 걸 잘 알지만, 우리의 삶은 그것이 은유인지 아닌지를 따지지 않는다. 기계인 몸을 앓고 살아갈 뿐이다. 의식이 삶을 지배하는 것이 아니라 오히려 삶이 의식을 규정한다. 그래서 삶으로서의 몸이 아닌 기계인 몸을 개념화하는 이론이 나오게 되었는데 그것은 우리 몸을 만드는 설계도가 있다고 가정하는 것이다. 처음에는 자동차와 같은 자동기계의 설계도를 생각했지만, DNA라는 유전물질의 구조가 밝혀진 다음부터는 모든 세포 속에 들어있는 DNA의 염기서열이 생명의 설계도로 여겨지게 되었다. 그리고 21세기가 시작되는 해에는 그 설계도에 해당하는 염기의 서열이 모두 밝혀졌다.

몸이 정말로 기계라면 이제 우리가 그 몸을 만들거나 고칠 수 있어야 한다. 하지만 몸이 기계라는 은유 하에 시작된 인간유전체연구사업이 마무리될 즈음에는 오히려 그 은유를 잘못된 것으로 생각하는 사람이 많아졌다. 유전체가 몸의 설계도라면 그것을 구성하는 염기의 98%가 아무 기능도 하지 않는 문자들의 반복인 이유는 무엇일까? 유전자가 단백질을 만들고 그 단백질이 몸의 형태와 기능을 결정한다고 하는데 그런 유전자가 3만 개도 안 된다면 그것은 인간의 다양성을 설명하기에는 터무니없이 부족한 것 아닌가? 유전자를 구성하는 염기에 대한 정보만으로 유전자들끼리의, 유전자와 그것을 둘러싼 단백질 사이의, 단백질과 단백질 또는 세포 내 다른 환경과의 상호작용 등 복잡한 관계망의 결과로 나타나는 형질의 변이를 설명할 수 있을까?

이런 의문들을 풀기 위해서는 적어도 몸=기계 은유에서 모델이 되는 기계를 바꿔야 한다. 17세기에는 감긴 태엽의 힘으로 움직이는 시계가, 20세기에는 석유의 화학에너지를 전기와 기계에너지로 바꾸는 자동차가, 그리고

21세기에는 자동제어시스템을 갖춘 계산-실행 기계 즉 컴퓨터가 몸=기계 은유의 모델이 된다.

프랑스의 현대철학자 조르주 캉길렘은 정해진 설계 또는 규범을 따르기만 하는 것이 아니라 주어진 상황과 내적 조건에 맞는 새 규범을 만들 수 있어야 정상적인 유기체라고 했다.[4] 아프리카의 열대기후에 적응한 유럽인의 조상들이 햇빛이 귀하고 추운 북쪽에 정착하면서 피부색이 옅어진 것은 진화를 통해 몸이 새 규범을 만들어 낸 사례다. 흰 피부는 햇빛을 많이 받아 부족한 비타민 D를 만들기 위한 적응이었고 그것이 새 몸의 규범이 된 것이다. 아프리카에서는 검은 피부가 강렬한 햇볕을 차단해 피부를 보호하는 생리적 규범인 것과 반대 방향이다.

이렇게 몸이 새로운 규범을 만들어 내는 유기적 존재라는 관점에서 볼 때, 설계된 대로의 구조와 기능을 표현하는 몸=기계 은유는 더 이상 진실을 표현하지 못한다. 따라서 그것을 대체할 새로운 은유가 필요하다. 새 은유는 지금의 과학 수준을 반영하면서도 동시대인의 문화적 감성과 공감할 수 있어야 한다.

동아시아의 3대 문화 전통 중 하나인 도교에서 바라보는 몸은 하나의 작은 마을이다. 몸속 마을에는 여러 귀신이 어울려서 살아간다. 몸속의 여러 장기는 그들에게 밭도 되고 논도 되며 우물이나 개천도 된다. 그런 몸속 마을의 경제가 안정되어 있으면 몸도 건강하지만, 그 균형이 깨져 귀신들의 경제가 불안하면 병이 생긴다. 이 몸속 귀신들은 간, 콩팥, 지라, 허파, 염통 등의 장기에서 살지만, 조금만 더 상상력을 발휘하면 그 귀신들을 각 장기를 구성하는 조직과 세포들의 집합으로 생각할 수도 있다. 그러면 '몸=작은 마을'의 은유가 그럴듯한 과학적 설명의 틀이 될 수도 있다. 몸은 분자—세포—조직—기관—개체—가족—지역—국가—세계—전체 생명계로 이어지는 위계적 질서의 중간단계를 차지하는 하나의 생태계가 된다. 생태적 의학을 주장하는 서양 사람들의 생각도 이와 비슷한데 그들은 몸을 갖가지 생명이 어우러진 작은 정원에 비유한다.

몸이 설계된 대로 만들어지고 기능하는 기계라면 그 주변에 관한 여분의 정보는 아무 소용이 없겠지만, 작은 마을이고 생태계라면 몸을 구성하는 더 작은 몸체들 사이에는 다양한 여분의 정보교환 또는 '수다'가 가능해진다. 흙과 그 속에서 살아가는 수많은 미생물과 벌레들, 기후, 이웃하는 다른 생명들의 기질과 성격 등이 어우러져 마을과 정원의 생태적 경제를 구성한다. 그렇게 크고 작은 구성원들 사이의 관계와 소통이 살만한 마을과 아름다운 정원을 만들듯이 우리 몸속 구성원들의 원활한 관계와 소통이 건강한 삶을 결정한다.

몸=기계라는 은유는 앞으로도 오랫동안 우리의 삶과 의식을 지배할 것이다. 하지만 몸을 작은 마을 또는 정원에 빗대어 생각하는 습관이 널리 퍼진다면 우리의 삶이 더욱 넉넉하고 아름다워질 수도 있을 것이다. 또한 과학적 상상력을 자극해 몸이 기계였을 때는 생각조차 할 수 없었던 기발한 연구가 가능해지고 그 결과에 따라 전혀 새로운 몸과 삶을 살 수도 있을 것이다.

다.

몸의 문제풀이: 의(醫, 毉, 翳)와
테크네(techne)

우리는 흔히 "인생은 짧고 예술은 길다."라는 말을 듣
는다. 그리고 이 말이 삶의 덧없음과 예술적 아름다움의
영원함을 뜻한다고 생각한다. 충분히 공감되는 삶과 예
술의 진실이다. 하지만 이 말이 어떤 맥락에서 누가 한
말인지 알고 나면, 그 공감의 질과 내용은 많이 달라진
다. 이 말은 서양의학의 시조로 추앙받는 히포크라테스
의 잠언집 첫머리에 나오는 말이다. 여기서 '예술'로 번역
된 테크네(techne)는 맥락상 예술보다는 의술에 더 가까운
말이다.

이어지는 문장은 이렇다. "인생은 짧고 의술은 길다.
기회는 잡기 어렵고 실험은 위험하며 판단은 어렵다. 의
사가 필요하다고 생각하는 일을 했다고 임무가 끝나는
것은 아니다. 환자와 간병인이 제 역할을 다해야 하며,
주변 상황 또한 매우 중요하다." 사람의 질병 경험을 다

루는 의술은 명확한 지침을 따르는 단순한 기술일 수 없고 주변의 인간적, 사회적, 자연적 환경의 영향을 충분히 고려해야만 하는 불확실하고 위험한, 하지만 동시에 영원한 과업이라는 것이다. 더 요약하면 의학적 판단의 어려움과 의술의 불확실성을 표현한 말이라고 할 수 있다. 의술은 짧은 인생을 다루지만, 그 짧은 인생의 불확실성으로 인해 영원할 수밖에 없다는 것이다.

우리는 이 말에 들어있던 본래의 뜻을 오해했지만, 우연한 또는 어쩔 수 없었던 번역어의 선택을 통해 의술과 예술의 관계를 다시 생각해 볼 기회를 얻게 되었다. 우선 이런 번역상의 오해가 있었던 것은 고대 그리스어에 의술과 예술을 구별하는 별도의 단어가 없었기 때문이다. 테크네는 두 가지 뜻을 모두 가지고 있으므로 기예(技藝)로 옮기기도 한다. 기예로서의 의술은 몸속의 질병을 몰아내거나 고장 난 몸을 고치는 것이기보다는, 질병을 극복한 새로운 상태로 병자를 인도하는 불확실하고 위험하지만 가치와 의미가 충만한 행위였고, 그러니 예술 행위와 다를 바가 없었을 것이다.

그들에게 과학이란 말은 없었지만, 테크네라는 말속에는 과학의 뜻도 포함되어 있다. 히포크라테스는 사체액

설이라는 이론체계를 가지고 있었고, 질병을 신의 의지가 아닌 자연현상으로 설명한 최초의 의사로 인정된다. 영어로 번역된 히포크라테스의 잠언을 보면 대부분 테크네를 예술(art)로 옮기고 있지만 과학(science)으로 옮긴 것도 더러 있다. 히포크라테스의 의술은 그것을 구분하는 말이 없었을 정도로 과학과 예술이 결합한 종합적 판단과 행위의 체계였을 것이다.

고대 그리스의 테크네와 대응하는 동아시아의 개념어는 의(醫)다. 여기에는 화살(矢)에 맞고 창(殳)에 찔린 모습과 그런 병자를 약의 대명사인 술(酉)로 치료한다는 하나의 이야기가 들어있다. 그런데 이 글자(醫)는 술 대신에 무당을 가리키는 글자(巫)와 함께 쓰이기도 한다(毉). 이 글자(巫)는 하늘과 땅을 이어주는 사람(무당)을 형상화한 것으로 병을 초자연적 현상으로 바라보는 시각이 반영되어 있다. 또 예전에는 예(翳)라는 글자를 쓰기도 했는데, 이 글자는 햇볕을 가리는 큰 일산을 뜻하지만 의(醫)와 혼용되기도 했다. 이 글자들을 분석해 보면 오늘날의 외과(矢와 殳), 내과(酉), 정신과(巫), 예방의학(翳)의 개념이 모두 들어가 있다. 고대 중국의 의(醫, 毉, 翳) 속에는 질병 경험에 대한 불명확한 판단과 실천의 다양한 방식들이 어지럽게 모여 있음을 알 수 있다.

그런 판단과 실천의 방식에 학문과 실천과 규범의 체계가 부여되면 의학(醫學), 의술(醫術), 의덕(醫德)이 된다. 의학은 의(醫)에 대한 배움이고 의술은 그 배움의 실천이며 의덕은 배움과 실천의 기준이 되는 규범이다. 오늘의 분류체계로 보면 의학은 기초의학이고 의술은 임상의학이며 의덕은 의료윤리 또는 의료인문학이다. 의료행위란 이런 배움[學]과 실천[術]과 규범[德]이 하나로 어우러진 종합행위예술이라고도 할 수 있다. 이는 세상에 대해 배워서 알고[學, 앎], 아는 대로 행하며[術, 함], 올바르게 살아가는 [德, 삶] 일상의 구조와 크게 다르지 않다. 테크네는 과학과 예술을, 醫는 배움과 실천과 규범을 아우르는 종합적 행위의 체계였다.

1 앎의 제도와 삶의 내러티브

051

라.

앎의 지도

19세기 이후 의학에 분석적이고 환원적인 과학이 도입되자 과학—예술, 배움—실천—규범 또는 앎—함—삶의 유기적 균형이 무너지기 시작한다. 질병을 일으키는 세균이 발견되고 그것의 증식을 막는 소독과 위생이 일상화되었으며 마취가 발명되고 외과수술이 안전해지자, 과학—배움—앎이 예술—실천—규범에 우선한다는 생각이 싹트기 시작했다. 제대로 알기만 하면 실천은 어렵지 않다고 본 것이다. 20세기의 의학사는 대체로 그 생각이 정당함을 증명하는 사례들로 채워져 있다. 대규모로 발생해 수많은 사람을 죽였던 전염병은 거의 사라졌고, 바늘구멍 하나 없이도 신체의 내부를 자세히 들여다볼 수 있게 되었으며, 관절과 심장 등 고장 난 부위를 기계로 대체할 수 있는 기술도 개발되었다. 그 결과 알면 할 수 있고 할 수 있으면 해야 한다는 정서가 지배하게 되었다. 과학이 예술을, 앎이 삶과 함을, 배움이 실천과 규범을 지배하게 된 것이다.

이렇게 의학에서 과학과 예술의 균형추가 과학 쪽으로 심하게 기울어 갈 때도 새로운 균형을 찾기 위해 애쓴 사람이 적지 않다. 의학=자연과학이라는 등식에 의문을 표하며 의술의 사회적 차원과 인문적 가능성을 보여준 대표적 인물로는, 세포병리학과 사회의학의 창시자인 루돌프 비르쇼(Rudolf Virchow)와 등불을 든 천사 플로렌스 나이팅게일(Florence Nightingale)을 들 수 있다.

비르쇼는 자기 자신이 과학적 의학의 선구자이면서도 동시에 질병의 사회적 원인에 주목해 적극적으로 정치활동을 한 사회의학의 창시자다. 그는 "의학은 사회과학이다. 정치학은 큰 범위의 의학일 뿐이다. [···] 의사는 가난한 자들의 대리인이어야 하고 사회적 문제는 의사들의 관할이다."⁹라는 유명한 말을 남겼다.

나이팅게일은 대단한 지식이나 기술이 아닌 따뜻한 인간적 보살핌만으로도 많은 생명을 구할 수 있음을 보여준 인물이다. 그는 의복과 침구의 세탁, 병실 공기의 환기, 그리고 정성 어린 간호만으로 야전병원의 사망률을 1/10로 줄여 세상을 놀라게 한 근대 간호학의 창시자이며 의료인문학의 선구였다.

동아시아 전통에서는 예로부터 '질병'을 치료하는 소의 (小醫), 병든 '사람'을 치료하는 중의(中醫), 병든 '사회'를 치료하는 대의(大醫)로 의사의 등급을 매겼다. 이 구분법이 거의 그대로 병의 자연 경과를 다루는 자연의학, 환자의 질병 경험을 다루는 인문의학, 그리고 질병의 사회구조적 원인을 다루는 사회의학에 대응된다. 이렇게 보면 지금의 의학교육은 소의들을 길러내는 데 초점이 맞춰져 있는 셈이다. 예방의학과 보건학 등 사회의학의 영역이 있지만 그 학문들도 병든 사회 자체를 대상으로 하기보다는 그 사회의 위험 '요소'들이 생물학적 몸에 미치는 '영향'을 연구할 뿐이다. 그리고 인문의학 또는 의료인문학은 이제 겨우 고대의 전통과 의학의 역사에 대한 반성으로부터 싹트는 중이다.

과학적 자연의학의 전성기였던 20세기 동안, 인문학이 의학 고유의 문제영역이었음을 기억하는 사람은 거의 없었다. 사회의 불평등한 구조가 질병의 주요 원인이라는 주장은 있었지만, 삶에 대한 태도와 가치가 질병 그 자체의 발생 또는 경과와 관련이 있다고는 생각할 수 없었다. 이 시기에 의학=자연과학이라는 등식은 상식이었고 인문학은 일상과는 거의 관계가 없지만, 알고 있으면 빛이 나는 교양 정도로 치부되었다.

20세기 후반에 이르면 이런 분위기가 조금씩 변하기 시작한다. 특히 낙태와 안락사 등 의료 기술의 적용을 둘러싼 종교적, 윤리적 논란이 생기면서 생명윤리(Bioethics)가 독립된 연구 분야로 확립되었다. 줄기세포 연구와 유전자 조작의 가능성이 제기되자 생명윤리 연구는 좀 더 근본적인 인간 조건에 대한 논의로 방향을 전환하게 되었다. 이런 흐름이 좀 더 오래된 의학사 연구의 전통, 그리고 의학을 인간존재와 인식의 조건에 대한 철학적 반성의 토대 위에 세우려는 의철학의 전통이 만나면서 인문의학 또는 의료인문학이라는 새로운 학문 분야가 태동하고 있다.

이런 흐름은 우리 조상이 오래전부터 익히 알고 있던 삶의 지혜를 새로운 사유의 틀 속에 담아내려는 노력일 뿐이다. '인생은 짧고 의술은 길다.'라는 히포크라테스의 잠언 속에 담긴 짧고 불확실한 인생과 모호하지만 귀중한 의술의 성격은, '가끔 치료하고 자주 도우며 항상 위로하라'는 이름 없는 후세 의사의 격언과 묘한 공명을 일으킨다. 인간의 의술에는 한계가 있을 수밖에 없고 따라서 인생은 짧다. 그러니 '가끔' 치료를 할 수 있을 뿐이다. 하지만 환자 스스로 문제를 해결할 수 있도록 실질적인 도움을 줄 수는 있다. 사회와 자연의 환경을 조절하고 상호부조의 공동체를 만들며 의학적 조언을 주는 일 등이다. 그리고 진심 어린 공감을 통한 위로야말로 의술을 영원케 하는 가장 중요한 요소다.

이러한 지혜는 의철학이 현대적 학문으로 태어나는 데 크게 이바지한 미국의 철학자 펠레그리노의 한마디 속에 군더더기 없이 표현되어 있다. "의학은 가장 인간적인 과학이고, 가장 경험적인 예술이며, 가장 과학적인 인문학이다."[6] 그렇다. 의학은 과학이지만 동시에 예술이고 인문학이기도 하다. 의료인문학은 과학이며 예술인 의학을 사람 중심으로 종합하려는 노력들에 붙여진 이름이다. 의료인문학은 질병과 같은 몸의 문제를 풀면서 가야 할 삶의 여정에 꼭 필요한 앎의 지도이기도 하다.

삶의 나침반

몸에 대한 앎의 지도를 가졌다고 몸의 문제를 모두 풀 수 있는 건 아니다. 그 몸이 살아가야 할 삶의 배경과 맥락 그리고 가치체계가 없다면 그 지도는 무용지물일 수도 있다. 의학이 첨단 지식과 기술을 동원해 자살을 시도한 환자의 목숨을 살려냈지만 얼마 지나지 않아 다시 목숨을 끊은 환자를 여럿 보았다는 응급의학 의사의 경험담이나, 수술은 잘 됐는데 환자는 죽어버렸다는 이야기에서 얻을 수 있는 교훈이다. 병을 고치기만 해서는 삶을 치유하거나 몸을 앓아낼 수 없다. 앎의 지도 위에서 지금 여기의 위치와 상황을 찾아내어 삶이 가야 할 경로를 설계하는 데 필요한 가치와 규범의 나침반이 있어야 한다.

의료인문학(Medical Humanities)이 몸의 생물학만을 추구하는 기계적 생물의학에 삶의 온기를 불어넣으려는 노력에 붙인 이름이라면, 최근에 대두되고 있는 건강 인문학

⟨Health Humanities⟩은 질병이라는 부정적 기표가 아닌 건강이라는 긍정적 가치를 중심에 두려는 노력의 산물이다. 하지만 이 역시 몸의 상태를 질병과 건강으로 나누는 이분법적 사유를 극복한 것은 아니다. 건강에 이르는 과정을 강조하지만 튼튼하고(健) 편안한(康) 이상 상태라는 고정점을 목표로 삼기 때문이다. 나는 이 책에서 질병의 극복에 초점을 맞추는 의료인문학과 건강이라는 목표를 지향하는 건강 인문학의 의의를 충분히 살리면서도, 건강과 질병의 양극이 아닌 삶의 지속과 과정에 초점을 맞춰 몸의 문제를 풀며 살아가는 방식에 관해 이야기하려고 한다. 앎의 지도와 삶의 나침반을 활용해 나만의 인생 경로를 설계해 보자는 것이다. 이 책은 그렇게 설계된 인생 경로를 따라 살아가는 "참살이"에 관한 것이다.

2

———

두 마음의
세 갈래길

가.

마음은 어디서 오는가?

모든 질문에는 전제가 들어 있다. 그래서 질문자의 의도가 담긴 전제를 알아낼 수만 있다면 이미 절반의 답은 찾은 셈인 경우가 많다. "나는 누구인가?"라는 물음 속의 나는 이미 '누구' 즉 '어떤 사람'으로 전제되어 있다. 만약 이 물음을 "나는 무엇인가?"로 살짝 바꾼다면 전혀 다른 방향의 답을 준비해야 한다. 우리가 일상적으로 쓰는 말 자체가 우리가 살아온 역사와 문화와 경험의 산물이기 때문이다. 우리 문화에서 '누구'라는 말속에는 이미 나이, 성별, 가족 관계, 살아온 장소, 사회적 경력 등이 담겨 있다.

'누구'는 사람이고 '무엇'은 사물이다. 사람은 변화하는 마음의 상태에서 생각하는 누구이고 사물은 부피와 무게를 가지는 연장으로서의 존재 즉 무엇이다. 그러나 누구 (마음)는 또한 무엇(몸)으로 구성되어 있다는 것도 부인할 수 없는 사실이다. 근대 문명의 사상적 토대가 된 17세기 철학자 데카르트는 누구와 무엇, 마음과 몸을 전혀 다른 실체로 규정했다. 그는 존재(있음)의 근거를 생각에 두어, "나는 생각한다. 고로 존재한다."라는 유명한 말을 남겼다. 누구(마음)를 무엇(존재)의 근거로 삼은 것이다. 몸과 마음은 전혀 다른 실체지만 뇌 속에 있는 송과선을 통해 연결되어 있다고도 했다. 하지만 데카르트에게 나의 '누구'는 몸이 아닌 마음이다. 나를 '누구'와 '무엇'으로 나눴지만 결국은 다시 '누구'인 나(마음)를 주인으로 삼은 것이다.

데카르트와 같은 시대를 산 철학자 스피노자는 누구와 무엇을 하나로 묶었다. 그에게 몸(무엇)과 마음(누구)은 하나의 실체인 자연의 두 가지 속성이다. 나의 '누구'가 나의 '무엇'을 다스리는 것이 아니다. 나의 '누구'(마음)는 나에 속하는 '무엇'(몸)의 관념이다. 몸의 변화는 자연의 작동 원리와 과정에 따라 마음으로 나타난다. 몸의 상태로부터 떠오르는(創發) 관념이 마음이다. 데카르트가 나의 주인으로 삼은 추상적 마음 대신 마음의 근거이며 구체적 자연인 몸이 강조된다.

몸과 마음이 분리된 데카르트의 세계관은 물리 법칙에 따라 움직이는 자연을 기계의 원리로 설명하고 이용하는 산업 사회에 무척 유용한 것이었다. 그리하여 그의 철학은 이후 4백 년 이상 세계를 지배한 서구 문명의 사상적 토대가 되었고 물질적 풍요를 가져왔다. 하지만 심신 이원론과 기계적 환원론으로 발전한 데카르트의 사상은, 마음을 몸 위에 두었던 애초의 모습에서 벗어나 오히려 물질이 정신을 지배하는 결과를 초래하게 된다. 몸과 마음, 정신과 물질, 인문학과 과학은 분열되었고 몸과 물질과 과학이 마음과 정신과 인문학의 근거라는 생각이 상식이 되었다. 과학과 기술이 도구가 아닌 주인 행세를 하게 되면서 물질이 정신을 지배하게 되었다는 위기의식이 싹트게 되었다. 생각과 마음의 기본 틀을 크게 바꿔야 할 때가 된 것이다.

19세기 말에 이르면, 존재의 확고한 근거이며 인간 존엄성의 절대적 근거였던 합리적 이성과 자유의지가 그 빛과 권위를 잃기 시작한다. 무의식이라는 어둠의 힘이 발견된 것이다. 의식에 명료하게 떠오르지 않으면서도 우리의 몸과 마음을 움직이는 거대한 무의식의 힘에 비하면 의식과 의지는 빙산의 일각에 지나지 않는다는 주장이 수백 년을 이어온 사상의 흐름을 크게 바꾸고 있다. 이제 생각은 더 이상 존재의 근거가 아니다. "나는 생각한다. 고로 존재한다."라는 데카르트의 말은 "나는 생각하지 않는 곳에 존재한다."라는 자크 라캉의 말로 대체되었다. 합리적 이성과 자유의지를 통해 운명을 개척해 가는 '나'라는 통일된 주체는 더 이상 없다. 생각보다는 무의식이 나의 진짜 모습에 가까우며, 그 무의식은 나의 의식과 의지가 아닌 타자의 담론 속에 있다. 나는 더 이상 생각과 마음의 주인이 아니며 나와 타자의 경계도 희미해진다.

1859년에 출간된 다윈의 『종의 기원』은 사람과 동물의 경계마저도 무너뜨렸다.[7] 『인간과 동물의 감정표현에 대하여』라는 책에서는 동물도 감정을 느끼고 표현하며 사람의 감정은 그로부터 진화해 온 것임을 분명히 했다.[8] 동물이 추상적 개념을 통한 생각은 하지 못할지라도 주어진 상황에 대한 신체적 반응으로서의 감정을 느끼고 표현한다는 사실은 부인할 수 없다. 그리고 그 감정은 생존과 번식에 이로운 것과 해로운 것에 대한 반응으로부터 유래했을 것이다. 아마도 그런 신체 반응이 마음의 기원일 것이다.

20세기 말에 이르면 몸과 마음, 정신과 물질, 의식과 무의식, 동물과 인간, 인문학과 과학으로 분열되었던 담론들이 일정한 방향으로 수렴되기 시작한다. 모든 것을 구성 요소로 환원해 분석하던 생물 과학은 이제 그 요소들의 기계적 결합이 아닌 여러 층위에서 복잡하게 맺어지는 '관계' 속에서 창발하는 새로움에 주목하기 시작했다. 심리학, 인지과학, 현상학적 철학, 진화생물학, 면역학 등 생각과 마음에 관한 과학들은 내가 존재하는 "생각하지 않는 곳"을 탐색하기 시작했다. 그곳은, 수천억 개의 신경세포가 모인 뇌일 수도 있고 단세포 생물로부터 진화해 현재에 이르게 된 진화의 시공간일 수도 있으며 심리학자의 실험실일 수도 있다. 생각과 마음을 선험적으로 주어진 초월적 존재가 아닌 스스로 그러한 자연으로 여기기만 하면 어디든지 내가 존재할 수 있는 곳이 된다.

주체로서의 생각이 아닌 마음이라는 자연현상에 관한 최근의 연구를 통해 뉴노멀 시대에 적응하는 삶의 규범을 모색하는 것이 이 장의 목적이다.

나.

마음이라는자연: 빠른마음과느린마음

먼저 간단한 실험을 통해 생각과 마음의 힘을 느껴보자.

야구 방망이와 공 세트가 1달러 10센트다.

방망이는 공보다 1달러 비싸다.

공은 얼마겠는가?

위 문제에 빠르게 답하려고 할 때 가장 먼저 떠오르는
답은 10센트다. 실제로 아이비리그 대학에 다니는 학생
을 대상으로 한 실험에서도 절반 이상이, 다른 대학들에
서는 80%가 넘는 학생이 그렇게 답했다고 한다. 하지만
정답은 5센트다.

이 실험은 대부분의 일상을 지배하는 직관과 합리적
이성에 의한 판단의 차이를 보여주는 대표적 사례로 자
주 인용된다. 이 밖에도 심리학 교과서에는 우리의 마음
이 합리적이지 않다는 증거가 차고 넘친다.

노벨 경제학상을 받은 심리학자 대니얼 카너먼은, 직관적 반응을 지배하는 빠른 마음은 시스템 1, 합리적이고 정합적인 답을 찾아내는 느린 마음은 시스템 2라 불렀다.[9] 시스템 1은 저절로 작동하지만, 시스템 2는 애써 작동시켜야만 하는 마음이다. 이 두 마음이 불편하게 공존하면서 상호작용하는 것이 진화를 통해 물려받은 우리의 생물학적 현실이다. 두 마음의 갈등은 우리가 합리적 이성을 발명한 문명으로 인해 더 증폭된다. 그렇다면 우리는 어째서 이렇게 모순되는 두 마음을 함께 가지게 된 걸까?

마음을 자연으로 파악하려고 한다면 그 마음의 진화적 기원을 생각하지 않을 수 없다. 생명은 본질적으로 생존과 번영을 지향하는 존재이며, 진화는 그런 생명의 지향들이 힘의 균형을 이루는 방향으로 진행한다. 마음은 그 과정에 진화한, 생존과 번영에 보탬이 되는 행동을 선호하는 경향성이다. 문제는 우리 몸이 적응해 온 과거의 자연환경과 우리가 지금 살고 있는 환경이 크게 다르다는 것이다. 인류가 침팬지와의 공통 조상으로부터 분리되어 진화하기 시작한 때가 약 7백만 년 전이고 현생 인류의 첫 조상이 나타났을 때는 30만 년 전 무렵이다. 농경을 시작하면서 문명을 일군 역사는 1만 년 남짓이다. 산업혁명으로 생활방식이 급격히 변하기 시작한 역사는 수백 년이며 복지국가라는 개념이 등장한 것은 불과 1백 년 전이다. 우리가 진화를 통해 물려받은 몸과 마음은 수렵과 채취에 의존해 살아온 환경에 적응한 것이다. 문명의 역사 1만 년은 우리 조상이 적응해 온 수렵 채취 환경의 역사에 비하면 엄청 짧은 것이어서 우리의 몸과 마음은 아직 거기에 충분히 적응하지 못한 상태다.

우리는 석기시대에 최적화된 몸과 마음으로 최첨단 과학기술이 지배하는 21세기를 살고 있다. 빠른 마음은 순간의 선택이 삶과 죽음을 가르는 석기시대에 진화한 마음이고 느린 마음은 문명 이후의 삶에 필요한 마음이다. 하지만 우리 마음속에는 여전히 석기시대의 직관이 살아 숨 쉬고 있고, 그 마음은 수렵과 채취가 아닌 경쟁적 산업 사회에서도 나름의 기능을 수행하고 있다. 문명 이후에 진화한 느린 마음은 과학혁명과 산업혁명 이후의 삶에 크게 기여하고 있지만, "생각하지 않는 곳"에서 오는 어둡고 빠른 마음의 강력한 힘이 여전히 우리를 지배하고 있다. 그러니 말끔하게 정돈된 서재와 같은 마음은 불가능에 가깝다. 우리 마음은 석기시대의 초원과 농경시대의 농장, 그리고 컨베이어벨트가 돌아가는 생산 라인과 경영전략을 논의하는 회의실을 끊임없이 오고 간다고 보아도 좋을 것이다. 빠르고 느린 마음은 진화의 오랜 시간과 새로운 문명의 시간 속 경험이 여러 겹으로 포개진 길고 짧은 시간과 경험의 복합체라는 말이다.

다.

마음 사용법: 물리, 구조, 지향

진화생물학에 비춰보았을 때, 마음은 가깝거나 먼 미
래에 벌어질 일에 대응하기 위해 진화한 몸의 준비 상태
라고 할 수 있다. 진화와 역사의 누적된 시간을 담은 몸
이 미래를 위해 준비한 관념의 도구인 셈이다. 하지만 아
무리 훌륭한 도구라도 잘못 사용하면 큰 화를 부를 수 있
듯이, 마음도 대개는 매우 유용한 삶의 도구로 기능하지
만 잘못 사용하면 예기치 못한 결과를 낳을 수도 있다.
시대적 상황과 문화에 따라 그 마음의 용도와 기능이 달
라지기도 한다. 이렇게 복잡한 상황에서는 석기시대에
진화한 빠른 마음과 산업 사회에 필요한 느린 마음이라
는 이분법이 적용되기 어렵다.

사람들의 느린 마음은, 빠르고 느린 두 마음을 바탕으
로 하되 그 마음이 효율적으로 작동할 수 있게 하는 미래
에 대한 태도 몇 가지를 고안했다. 인지과학과 진화생물

학을 철학적 사유에 접목하여 자신만의 자연주의 철학을 완성한 미국의 현대철학자 대니얼 데닛은 『마음의 진화』에서 미래를 예측하는 마음의 태도를 물리적 자세, 구조적 자세, 지향적 자세로 나누어 설명한다.[10]

물리적 자세에서는 물리 법칙과 눈앞에 놓인 사물의 물리적 구성을 이미 아는 지식을 토대로 헤아린다. 손에서 벗어난 돌멩이가 땅바닥에 떨어지리라고 예측할 때 나는 물리적 자세에 기대는 것이다. 타자가 친 공을 잡으러 달려가는 외야수가 야구공이 어떤 의도나 욕망을 담고 날아온다고 생각하지는 않는다. 물리적 자세는 그 대상이 무생물이든 인공물이든 또는 살아있는 유기체든 상관없이 적용되는 물리 법칙으로 사태를 파악하려는 자세이고 대부분은 매우 유용한 미래 예측을 한다. 세상은 물리 법칙에 따라 움직이는 구성 요소의 합이며 부분을 분석하여 종합하면 전체를 알 수 있다고 전제한다.

하지만 문명이 복잡한 인공물을 고안하여 세상에 내보내면서, 물리적 자세만으로는 미래의 사태를 짐작하기 어려운 경우가 많아진다. 우리는 매일 스마트폰으로 일하고 놀고 소통하지만, 그것을 작동하게 하는 물리적 법칙과 원리를 모두 알고 있는 사람은 아무도 없다. 그래서 우리

2 두 메일의 세 갈래길

는 스마트폰의 구성 요소나 작동 원리를 배우기보다는 그것을 업무와 오락과 소통의 구조 속에서 파악하고 이용한다. 물리적 경로를 모두 탐색하는 대신 지름길을 찾아가는 것이다. 이렇게 이미 파악된 대강의 사태 구조에 따라 살아가는 전략을 구조적 자세라 한다. 구조적 자세에 바탕을 둔 예측은 물리적 자세에 기초를 둔 예측보다 위험하다. 가능성은 크지 않지만, 지름길로 알고 들어선 길이 더 복잡한 미로로 이어지거나 막힌 길일 수 있기 때문이다. 하지만 모든 문제를 처음부터 풀어야 하는 수고와 큰 위험 없이 문제 대부분을 풀 수 있는 장점이 있다.

물리적 자세와 구조적 자세는 외부에 존재하는 대상이나 벌어지고 있는 사태를 파악하는 객관적 태도의 두 양상이다. 전자는 대상을 직접 다루는 문제 해결에 유용하고, 후자는 겉으로는 드러나지 않는 복잡한 내부 구조를 가진 대상과 사태를 다루는 데 유용한 나름대로 근거가 있는 어림짐작이다. 하지만 이 세상에는 물리와 구조만으로는 설명하거나 이해할 수 없는 일도 많다. 그래서 우리는 흔히 어떤 대상이나 구조가 의도나 목적, 즉 지향성을 가진다고 가정한다. 이런 자세는 진실성이나 논리적 정합성과 관계없이 매우 유용한 결과를 가져오기도 한다. 과학 이전에는 모든 자연물에 정령이 깃들어 있다는 물활론(物活論)을 통해 세상을 이해하기도 했고, 초자연적 존재인 신의 의지로 사태나 운명을 설명하기도 했다.

과학 이후 이런 세계관과 태도는 빛을 잃었지만, 우리는 아직도 과학에서조차 은연중에 이런 비유를 당연한 것으로 받아들인다. 지난 40여 년간 세계적 베스트셀러 자리를 지켜 온 리처드 도킨스의 『이기적 유전자』는 마치 유전자가 이기적 지향성에 따라 움직이며 그 결과가 진화라고 설명한다.[11] 염기의 서열에 불과한 유전자가 동기나 의지를 가질 수 없다는 건 누구나 알지만, 그렇게 가정했을 때 진화라는 현상을 잘 이해할 수 있기 때문이다. 유전자의 이기성은 진화를 추동하는 실재하는 힘이 아니라 결과로부터 추론된 가상의 지향성이다.

물리적이고 구조적이며 지향적인 자세는 생존과 번영 또는 존재 지속의 경향성에서 파생된 속성들이다. 이 세 가지는 현상을 이해하는 태도지만 또한 문제를 해결하는 데 필요한 자세이기도 하다. 우리는 필요에 따라 이 중 하나, 둘, 또는 세 가지 모두를 활용해 사태를 파악하고 문제를 해결한다. 물리적 자세가 가장 먼저고 지향적 자세가 가장 나중에 진화한 속성이지만, 그 셋은 우리의 마음속에 누적되고 중첩되어 있다. 만나는 환경에 따라 선택적으로 또는 경쟁적으로 발현되는 마음의 힘들이다.

마음의 진화: 지향점 공유 가설

유전자의 이기적 지향성이라는 비유는 진화를 설명하고 이해하는 유용한 도구임이 틀림없지만, 그 지향성의 지배를 받는다고 가정된 생존 기계 즉 우리 인간들이 진화시킨 공감과 협력의 현상을 제대로 설명하지는 못한다. 이기적 유전자의 지배를 받는 개체들이라도 그리고 유전자를 공유하는 친족이 아닌 개체들끼리도 목적과 지향을 공유할 수 있으며 그로부터 협동이라는 행동 양식이 진화할 수 있다는 사실을 간과했기 때문이다. 사냥은 혼자 하는 것보다는 함께 어울려 하는 편이 훨씬 효율적이다. 혼자만의 안전을 추구하기보다 위험을 공유함으로써 더 큰 안전을 확보할 수 있기 때문이다. 복잡한 현대 산업 사회에서 이웃과 협력하지 않는 삶은 불가능에 가깝다. 따라서 이기적 유전자만으로는, 그 유전자의 주인인 유기체의 행동 양식을 충분히 설명하지 못한다. 그 한 가지 개념적 도구만으로는 유전자의 지향과 유기체 지향의 불일치와 갈등을 봉합할 수 없다. 그리하여 유전자와 생존 기계들의 경쟁이 아닌 유기체의 협력과 도덕성을 설명할 수 있는 새로운 지향 이론이 나타나게 되었다. 영장류 학자인 마이클 토마셀로가 『생각의 기원』에서 제시한 "지향점 공유 가설"이다.[12]

이기적 유전자 가설은 유전자의 이기적 속성이 마음의 기원이라는 가정에서 출발하지만, 지향점 공유 가설에서 마음은 개인과 집단 수준의 생존 양식과 함께 진화한 몸의 속성이다. 빠른 마음(직관)과 느린 마음(생각)은 그런 진화의 산물이다. 지향점 공유 가설은 이 중 느린 마음의 진화에 관한 이론이다. 생각은 생존을 지향하는 몸이 진화시킨 관념의 도구다. 가혹한 환경 속에서 살아남아 후손을 남기기 위해서는 환경 속에서 만나는 대상의 생존과의 관계를 일반화할 표상이 필요했다. 그런 반복적 경험에 대한 준비 태세의 표상이 빠른 마음이다. 같지만 조금씩 다른 환경에 대처하기 위해서는 좀 더 정교한 표상 체계가 필요했을 것이고, 이 체계가 느린 마음 즉 생각으로 진화했을 것이다. 예컨대 사자는 생명에 대한 위협으로, 가젤은 잠재적 영양원으로 인지되고 그렇게 표상되었다. 사자는 공포로, 가젤은 희망과 관련된 감정으로 연결된다. 그다음은 그런 표상들의 관계를 원인과 결과로 연결하는 추론 능력이 진화했고 그 추론 결과에 따라 행동한 다음 그 결과를 다시 추론에 되먹이는 과정이 되풀이되면서 생각은 점차 더 정교해졌을 것이다. 사자를 만나면 피하고 가젤을 만나면 접근하라. 수풀 속에서 바스락 소리가 나면 일단 도망쳐라. 식사는 목숨을 구한 다음의 일이다. 여기까지가 빠른 마음의 영역이다. 그런 다음 소리와 냄새와 상황 맥락을 표상하는 다른 단서들을 통해 추론하는 능력이 진화했고 그 추론에 따라 행동한 결과를 추론에 되먹이는 식으로 느린 마음이 진화했을 것이다.

지향점 공유 가설에 따르면, 생각과 마음은 개인−이웃−집단 수준으로 개체가 삶의 범위를 확장하는 과정에서 진화한 몸의 속성이다. 세 수준의 지향은 뒤의 것이 앞의 것을 대체하는 방식이 아니라 앞의 것에 뒤의 것이 중첩되고 서로 모순되는 지향은 힘의 관계에 따라 조정되는 식으로 우리의 느린 마음이 되었을 것이다. 개인 수준에서는 주로 물리적 세계와 사회적 세계를 구조화하는 마음이 진화했다. 표상을 이용한 추론에 따라 행동하고 자기 자신을 관찰하며 그 결과에 따라 인지 구조와 행동을 조절하는 가운데 물리적 세계와 사회적 세계에 대한 실재의 표상이 자리를 잡는다. 자기 조절을 위한 표상과 추론과 자기 관찰이 개인 지향에 따라 진화한 생각의 기원이다. 생명체가 문제 해결이나 목표 달성을 위해 실제 행동을 취하지 않고 시뮬레이션해 보기 위해 생각이 진화했다는 것이다.

　원시 인류는 개인 지향성이 진화시킨 표상을 공유함으로써 더 많은 안전을 확보할 수 있었다. 함께 사냥하고 그 성과를 나누면서 각자의 역할과 상황을 이해할 수 있게 되었고 '우리'라는 개념이 생기게 되었다. 공동 목표를 위해 동료와 협력하면서 손가락이나 팬터마임을 이용한 새로운 협력적 의사소통 수단이 진화해 각자의 역할과 입장을 조정했다. 그 결과 개인 지향성을 공동 지향성으로 진화시켰다. 이기적 유전자 가설에서는 구성원들의 목적과 선호가 충돌하는 사회적 딜레마에서 발생하는 경쟁을 진화의 유일한 동력으로 여긴다. 하지만 지향점 공유 가설은, 분쟁을 해결하기보다는 공동 목적을 가진 사회적 파트너와의 역할 조율 문제를 푸는 과정에 진화한 협력을 강조한다. 개인 지향성에서 출발한 생각은 소규모 협력을 조정하기 위한 공동 지향성을 진화시켰고 협력적 의사소통으로 발전했다. 나의 행동에 대한 상대방의 평가에 주의를 기울이면서 상대방 처지에서 나를 바라보는 이인칭 관점이 진화했다. "관점적–재귀적–사회적 자기 관찰에 의한 생각"[13]이다.

초기 인류는 대략 1백 명 단위의 집단을 이루고 살았을 것으로 추정된다. 이렇게 상호 독립적인 여러 집단이 공존해야 했으니 이웃 집단과의 경쟁과 충돌이 없을 수 없었다. 이웃 집단과의 경쟁은 집단 내부 구성원의 협력과 결집으로 이어졌고, 그것이 구성원의 정체성을 규정하는 문화로 발전했다. 이제 친족이나 특정한 이웃만이 아니라 집단 전체가 공유하는 가치와 관점이 생기게 되었고 그것이 "객관"이 되었다. 이제 나와 이웃만이 아니라 '우리'가 공유하는 객관적 가치와 관점에 나와 이웃의 마음과 생각을 비춰보는 성찰적 자세가 진화했고, 그렇게 조정된 가치와 관점이 집단의 규범이 되었다.

집단의 크기가 커지고 문명이 발달하자 그 가치와 규범은 점차 더 추상적 가치 표상으로 발전했다. 하지만 다른 한 편으로는 그 가치들을 내면화하여 몸속에 체현(體現, embodiment)하는 방향으로 진화하기도 했다. 토마셀로에 따르면, "대형 유인원은 자신에게 해를 입힌 행위에 대해서는 복수하지만, 제삼자에게 피해를 준 행위는 처벌하지 않는다. 그러나 세 살배기 아이는 자신이 관련된 상황이 아니라 하더라도 타인에게 사회적 규범을 강요했으며, 그래야 한다고 또는 그러지 말아야 한다는 것과 같은 규범적 언어를 사용했다"[14]고 한다.

이렇게 진화한 집단 지향성은 도덕적으로 양면의 칼이 되었다. 집단 내부적으로는 협력과 결속의 긍정적 감정과 행동을 진화시켰지만, 피할 수 없는 다른 집단과의 경쟁과 투쟁은 적대감과 혐오와 같은 부정적 감정으로 이어졌다. 한편으로는 서로를 묶어주는 도덕이 다른 한편으로는 서로에게 눈을 감게 만든 것이다. 도덕성은 서로를 묶어 주지만 또한 타자의 눈을 감기게도 한다.(Morality binds and blinds.) 진보와 보수, 남과 여, 영남과 호남, 남과 북 등으로 갈라져 싸웠고 싸우고 있는 우리의 역사를 이러한 마음과 생각의 진화적 기원에 비춰보는 일은, 집단 지향을 넘어 미래 지향으로 가기 위해 꼭 필요한 작업이다.

우리는 개인 지향에서 진화한 이기적 마음과 공동 지향에서 진화한 협력적 마음, 그리고 집단 지향에서 진화한 성찰적이면서도 배타적인 마음으로 세상을 살아간다. 이것이 마음의 세 갈래 길인데, 빠르고 느린 두 마음이 개인과 공동체와 사회 수준에서 환경에 적응한 결과라고 할 수 있다. 생명의 진화에서 기원한 두 마음은 사회적 수준에 따라 분화하여 세 갈래가 된 다음 관례화되면서 망각 속에 묻히게 되었다. 지금 우리는 그런 마음의 계보를 망각 속에서 끄집어내어 재구성하는 중이다. 이제 이런 마음의 힘들을 연결하고 종합하여 미래를 열 새로운 마음의 길을 디자인할 때이다.

마.

넛지(Nudge):
마음의 길을 디자인하라!

앞서 인용한 대니얼 카너먼은 인간의 마음이 합리적이지만은 않다는 과학적 사실의 발견으로 2002년에, 지금부터 언급할 리처드 탈러는 합리적 판단이 아닌 잠재된 마음을 자극해 행동을 조절할 수 있다는 사실을 발견한 공로로 2017년에 각각 노벨 경제학상을 받았다. 인간의 본성은 합리적이고 이기적이라는 주류 경제학의 기본 전제에 대한 도전을 노벨위원회가 인정한 것이다. 경제학자가 아닌 심리학자가 경제학상을 받았다는 사실이 신선한 충격이기도 하지만, 주류 경제학의 기본 전제에 도전하는 연구들이 연달아 인정받았다는 점에서 무척 큰 의미가 있는 변화다. 이로써 사람의 마음을 경제적 선택 행동과 관련하여 연구하는 행동경제학의 새로운 흐름이 만들어졌다. 리처드 탈러와 캐스 선스타인의 『넛지: 똑똑한 선택을 이끄는 힘』에 따르면, 이전의 경제학이 합리적이고 이기적인 본성에 따라 모든 것을 계산하는 마음을 선택의 근거로 삼았다면, 행동경제학은 합리적이지는 않더

라도 충분히 예상할 수 있는 인간의 마음을 강조한다.[15]

그동안 우리는 개인의 합리적 이성과 절대적 자유라는 이념을 신봉해 왔지만, 행동경제학 연구에 따르면 우리는 합리적이지도, 고독한 결단에 따라 자유롭게 행동하지도 않는다. 영국의 어떤 대학 심리학과에서 했던 아주 간단한 실험을 예로 들어보자. 영국의 대학에는 보통 하루 두 번 학과의 구성원이면 누구나 자유롭게 모여서 이야기를 나눌 수 있는 차 마시는 시간이 있다. 그래서 학과 세미나실에는 보통 포트를 비롯한 다기와 재료가 갖추어져 있다. 그 비용을 마련하기 위해 다기 옆에 양심 상자를 비치해 두고 자유롭게 돈을 넣도록 한 곳도 많다. 주말이면 이 돈을 꺼내 새 재료를 보충하는 시스템이다. 실험은 여기에 아주 약간의 변화를 주어 저금통에 모인 돈의 액수를 비교하는 것이다. 그 변화는 가격표가 붙어 있는 벽의 눈높이에 매주 다른 그림을 붙여두는 것이다. 한 주는 꽃 그림을 다음 주는 사람 눈이 그려진 그림을 붙여놓는다. 그 결과 사람의 눈 그림을 붙여둔 주에는 꽃 그림을 붙여둔 주에 비해 훨씬 많은 돈이 모였다고 한다. 특히 부릅뜬 눈 그림이 붙어있던 주에 가장 많은 돈이 모였다고 한다. 거의 눈에 띄지도 않을 정도의 희미한 그림이어서 그것이 거기 있었다는 사실조차 기억하지 못하는 사람이 많았음에도 이런 결과가 나온 건 놀랄만한 일이다. 의식에 떠오르지도 못한 감각이 돈과 관련한 결정에 이렇게 영향을 미쳤다는 건 합리적이고 이기적인 본성을 신봉해 온 우리의 상식을 뒤흔드는 것이기 때문이다. 자유의지가 아닌 무의식 속의 어떤 힘이 우리를 움직이고 있다고 볼 수밖에 없다.

탈러와 선스타인은 나도 모르게 나를 움직이는 "내 안의 낯선 나"의 힘을 넛지(Nudge)라 했다.[16] 라캉식으로 말하면 "생각하지 않는 곳에 존재하는 나"[17]의 힘이다. 합리적 계산과 자유의지에 따른 결정보다는 넛지의 힘을 이용한 자연스러운 선택이 훨씬 더 유용한 결과를 가져온다고 했다. 이런 현상들을 도덕의 진화에 적용한 과학 저술가 마이클 셔머는 『도덕의 궤적』에서, 인간의 도덕을 당장은 그 기원과 목적을 알 수 없지만 긴 시간을 통해 보면 어떤 커다란 지향을 가지는 긴 활대(Moral Arc)[18]로 비유했다. 그 지향은 생존과 번영이라는 개체 생명들의 지향을 단기적 동력으로 하지만, 동시에 공동 목적과 집단 지향을 통해 그 방향을 조정하는 여러 힘들의 종합이다.

의무나 당위 또는 다수의 행복과 같은 추상적 가치에서 출발하는 추론이나 계산 대신 우리를 움직이는 생물학적이고 사회문화적인 힘들의 경로를 파악하여 우리가 할 수 있는 선택 그 자체를 설계하는 것이 더 현실에 부합하는 실천적 도덕이다. 남이 만들어준 도덕의 길이 아닌 우리 스스로 만들어 가는 마음의 길을 가야 한다는 것이다.

이 장에서 우리는 생각과 마음이 걸어온 길을 되짚어 보았는데 이는 우리가 참다운 삶의 지도를 그리는 데 꼭 필요한 배경이 될 것이다. 이어지는 3장과 4장에서는 우리에게 참살이의 지도를 그리도록 추동하는 삶의 조건인 피로와 고통에 대해 살펴볼 것이다.

3

———

피로사회의
건강과 치유

homo

Collectio Humanitatis pro Sanatione I

피로는 삶의 기본 조건이다. 하루 종일 땀 흘려 일했는데도 피곤함을 못 느껴 휴식을 취하지 않는다면 그 사람의 체력은 금방 고갈될 것이고 결국 생존과 번식의 기회도 줄어들 것이다. 따라서 후손을 남길 가능성은 무척 낮아질 것이고 세월이 흐르면 이렇게 휴식을 모르는 강인한 인간은 사라져 버릴 것이다. 그래서 자연은 힘든 노동 뒤에는 휴식을 취하도록 하는 생리적 기제를 진화시켰는데 그것이 바로 피로다. 피로는 생리적 자원의 고갈을 알리는 경고인 동시에 휴식 후에는 다시 일을 하도록 부추기는 계기여야 한다.

그래서 피로에는 성취감이라는 보상이 수반된다. 내가 이만큼 일했으니 앞으로 얼마간은 걱정 없이 먹고살 수 있다는 안도와 만족도 따라온다. 생존을 위해 애쓴 데 대한 생리적, 심리적 보상이다. 피로는 우리를 재충전으로 이끄는 진화의 발명품인 셈이다. 적어도 우리의 조상들이 적응하면서 진화해 온 시기의 대부분을 차지하는 석기시대(수렵 채취 경제)에는 피로가 생존과 번식의 기본 조건이었고 보상 체계였다. 그래서 피로는 야릇한 쾌감과 함께 찾아온다. 인간은 마라톤과 철인경기처럼 극한의 신체적 활동을 즐기는 유일한 동물이다. 우리는 첨단 정보 과학 시대를 살지만, 그 몸의 보상 체계는 석기시대에 적응된 것이기 때문이다. 나는 힘든 산행 뒤에 몰려오는 노곤한 피로감을 무척 좋아한다.

하지만 현대인 대부분은 이렇게 움직이지 않는다. 우리는 하루 10킬로미터 이상을 걸어야 겨우 생존에 필요한 먹이를 구할 수 있었던 석기시대에 적응한 보상 체계를 가지고 매일 수십 킬로미터를 다니면서도 몸을 거의 움직이지 않고 필요한 것보다 훨씬 많은 영양을 섭취하는 21세기를 살아간다. 우리는 늘 피곤하지만, 그 피로의 원인은 조상들의 그것과 같지 않다. 조상들은 가끔 피로했고 그 피로의 열매를 충분히 즐겼지만, 현대인은 항상 피곤하지만, 그 보상을 제대로 챙기지 못한다. 그래서 재독 철학자 한병철은 『피로사회』에서 만성적 피로에 시달리는 현대인이 보상의 위기를 겪고 있다고 한다.[19] 그는 보상의 위기가 타자와의 관계가 사라지면서 생긴다고 진단한다. "자아 속으로의 침잠은 보상을 낳지 못하고, 오히려 자아에게 고통을 가한다."[20] 과거에는 타자를 넘어 자연과의 관계가 전면적이었고 생리적 피로와 신으로부터 종교적 보상을 얻었다. 하지만 현대인은 신과 자연은 말할 것도 없고 다른 인간과의 관계마저도 희미해져 보상을 주고받을 상대를 잃어버리고 있다. "보상구조에 이상이 생기면서 성과 주체는 점점 더 많은 성과를 올려야 한다는 강박에 빠진다."[21]

가.

건강과 웰-빙: 피로사회의 주요 증상

이러한 증상은 국민의 건강을 책임질 예비의사인 의과
대학생들에게도 흔히 나타난다. 소진증후군(Burnout)이라
부르는 현상이다. 이들이 상위 1%에 속하는 성적으로 치
열한 경쟁에서 승리한 사람들이라는 점과 비교해 보면
피로사회의 본질이 좀 더 잘 드러난다. 2006년에 발표된
한 논문에 따르면, 미국의 의과대학생 1,098명 중 45%의
학생이 소진증후군을 경험했다고 한다. 우리나라도 이
보다 적지는 않을 것이다. 척도가 조금 다르긴 하지만,
2011년 내가 근무하던 의과대학 학생들이 자기 자신들을
대상으로 조사한 자료에 따르면, 일반 대학생보다 더 큰
비율의 학생이 더 심한 우울증을 겪고 있다고 한다. 우울
증을 앓고 있는 학생들은 특히 자아 존중감에서 낮은 점
수를 보였다고 한다. 줄기차게 성과를 추구하면서 자신
을 괴롭혀 온 자기 착취의 결과다.

이런 경쟁적 학습을 끝내고 의사가 되었다고 상황이 좋아지는 것도 아니다. 한 의학 전문 신문에서 '당신은 지금 행복하세요?'라고 물었더니 조사 대상자의 63%가 그렇다고 답했다고 한다. 그런데 이 중에서 직업이 의사인 사람만 모아보니까 그 수치가 46%로 떨어지더란다. 지금 의사들은 새로운 의료 수요를 만들어 내느라 바쁘다. 수요가 있고 공급이 따라가는 것이 아니라 건강이란 신상품을 만들어 수요를 자극하는 전략이다. 미용과 성형이 대표적이지만 일상적 진료 상황에서도 환자의 편익이 아닌 다른 목적을 위해 긴요하거나 급하지 않은 의료서비스가 제공되는 경우는 부지기수다. 이제는 너무나 일상화되어서 어떤 것이 교과서적 진료인지조차 헷갈릴 지경이다. 의사들은 건강의 환상을 불러일으켜 새로운 수요를 만들고 거기에 맞춘 서비스를 판매하는 경쟁의 구도 속에 갇혀버린다. 그리고 자신이 그런 구도 속에 들어 있다는 인식조차 하지 못하게 된다. 이러한 '일' 끝에 찾아오는 것은 뭔가 해낸 뒤에 오는 나른한 피곤함과 만족감이 아니라 더 비싼 서비스를 더 많이 팔아야 한다는 자기암시와 다른 사람과 비교하여 자신을 닦달하는 자기학대다. 나는 지금 의사들을 비난하는 게 아니다. 20년 전까지 임상의사로 살았던 나 자신의 삶을 되돌아보고 있을 뿐이다.

이렇게 의사들은 건강을 '목적 없는 공허한 합목적성'으로 전락시켜 경쟁의 틀을 만들고 그 속에 빠져 행복과 건강을 탕진한다.

"건강에 대한 열광은 삶이 돈 쪼가리처럼 벌거벗겨지고 어떤 서사적 내용도 어떤 가치도 갖지 못하게 되는 상황에서 발생한다. [⋯] 건강은 새로운 여신이다."[22]

의사는 건강과 웰−빙의 생산자이고 관련 서비스의 판매자다. 그리고 우리나라의 의료서비스는 많은 외국인 환자를 끌어들이고 있을 만큼 수준도 높고 평판도 좋다. 일부 병원 자본은 이것을 의료기관과 건강보험을 민영화해 대기업의 이익을 극대화할 자원으로 여겨 호시탐탐 기회를 엿보고 있다. 건강을 둘러싼 시장이 엄청나다는 걸 간파한 것이다. 시장에 나가 상품이 된 건강은 필연적으로 본래의 목적과 가치를 상실하고 이윤추구의 수단이 된다. 상식적으로 병원에 가야 할 이유가 없는 사람을 뭔가 치료해야 할 질병이 있는 환자로 만드는 건 문제도 아니다. 이건 이미 세계 최고의 의료 기술을 가지고 있지만 세계 최악의 의료제도로 인해 전인구의 1/4이 아무런 보험도 없이 살인적인 의료 수가를 감당해야 하는 선진국 미국의 현실이다.

다행히 우리나라의 건강보험은 전 국민을 대상으로 할

뿐 아니라 비교적 낮은 비용으로 상당히 다양한 서비스를 제공한다. 하지만 보험이 적용되지 않는 틈새에서 생산되는 다양한 의료상품들은 다시 거대한 시장을 형성해 가고 있다. 미용과 체형 유지를 위한 서비스, 과학적 근거가 의심스러운 다양한 약품과 기기들, 임플란트 등 고가의 재료를 쓰는 치과 치료, 보약과 같이 보험이 적용되지 않는 전통 의약의 영역 등이 이에 해당한다. 이런 상품들이 만들어 내는 건강의 환상은 그것을 기준으로 자기 자신을 검열하고 소비를 통해 기준을 충족시키도록 우리의 욕망을 부추긴다. 그리고 우리는 그렇게 가치와 목적을 상실한 건강을 위해 자신의 창조적 자원을 고갈시키는 건강의 노예가 되어간다.

이제 우리는 건강뿐 아니라 웰-빙 또는 행복마저도 시장에서 사다 쓰는 소비재로 여기게 될지도 모른다. 인스턴트 건강과 인스턴트 행복이다. 이런 구도 속에서 건강과 웰-빙은 삶의 목표가 아니라 피로사회의 주요 증상이다. 건강과 웰-빙을 위해 우리는 또 얼마나 자신들을 못살게 굴어야만 한단 말인가?

이처럼 현대인의 피로는 적절한 심리적 보상과 함께하지 않는다. 그래서 건강한 사람이 더 건강을 걱정하고 가진 자가 더 많은 것을 욕망하는 역설이 발생한다.

어떤 피로? 자아와 보상의 형식

수렵 채취 시기의 피로는 재생산을 위한 생리적 보상의 체계였지만 이후 문명이 발달하면서 피로의 의미와 그것이 발생하는 맥락과 방식은 크게 달라졌다. 피로를 인식하는 주체인 자아의 관념이 시대에 따라 달랐기 때문이다. 우리는 지금 자아를 '내 속의 또 다른 나' 또는 나의 정신적 속성쯤으로 여기는 경향이 있다. 하지만 만약 피로를 느끼는 주체가 그저 '나'라면 그리고 내가 경험하는 피로가 사회문화적 또는 자연적 환경과 상호작용한 노동의 결과라면 나의 본질인 자아를 정신적 속성에 한정할 이유는 없다. 진화의 관점으로 보면 자아 역시 적응의 산물인 하나의 형질이다. 그리고 진화는 생존과 번식에 유리한 형질들의 축적이다.

우리 조상들이 우리에게 물려준 형질의 대부분은 수렵과 채취로 생계를 잇던 시절에 진화한 것이다. 하지만 농업혁명 이후의 인간은 초고속으로 환경을 변화시키며 문명을 일궈왔다. 따라서 수렵 채취 시기에 진화한 생리적 기능과 변화한 환경에 적응한 문화적 기능이 일치하지 않는 현상이 발생한다. 자아라는 관념은 주로 문명 이후에 진화 또는 발명된 그리고 계속 변화하는 속성이다. 그리고 생리적 보상으로서의 피로는 주로 수렵 채취 시기에 진화한 속성이다. 따라서 수렵 채취 시기에 진화한 생리적 피로와 문명 이후에 발달한 문화적 자아 사이에 어긋남이 있는 건 오히려 자연스럽다.

문명 이후에 발달한 자아는 신의 명령에 순종하는 신의 자식이기도 했고 선과 악의 기준인 합리적 이성의 보루이기도 했으며 『피로사회』에서처럼 자기 자신을 스스로 착취하는 폭력이기도 하다. 그리고 피로는 자아에게 주어지는 보상이 적절치 않아서 생기는 불협화음이다. 따라서 자아를 구성하는 방식에 따라서 노동의 방식과 가치 그리고 피로의 의미도 다를 수밖에 없다. 이제 변화하는 자아에 따른 보상 체계의 변화가 일으키는 피로의 양상을 살펴보고 건강한 피로를 위한 대안적 이해의 방식을 찾아보자.

1. 수렵 채취 시기에는 자연환경에 순응하거나 극복하는 방

식의 적응이 이루어졌고, 그 방식에 적합한 자연과 일체가 된 '참여적 자아'가 형성되었다. 이런 자아에게는 생존과 번식이라는 상품이 보상으로 주어졌고 피로는 생존과 번식에 기여하는 생리적 기능이었다.

2. 전제권력과 종교가 지배하던 시기에는 '복종적 자아'가 주류였다. 속세에서의 영달과 내세에서의 영생이 보상으로 주어졌고, 감당하기 어려운 폭압과 처벌이 피로의 주요 원인이었다.

3. 근대 이후에는 개인의 권능과 자율성을 강조하는 '주체적 자아'가 형성되었다. 여기에는 도덕적 입법자로서의 합리적 이성의 자아도 있고 본능과 싸우는 초월적 자아도 있다. 피로는 초월적이고 합리적인 이성의 자아와 세속적 육신의 투쟁에서 온다.

4. 한병철의『피로사회』는 비대해진 '이상적 자아'가 자기 자신을 착취하는 구도다. 자기 자신을 지배하는 내부 권력과 몸—마음 사이의 불화가 피로의 원인이다.

이 모든 형식의 자아는 시간적으로나 공간적으로 연속성을 갖는 단일 정체성을 갖는다. 이 중 참여적 자아가 느끼는 피로만이 생리적 순기능을 수행할 뿐 나머지 경우의 피로는 모두 우리가 진화의 시간 동안 적응해 온 자연환경이 아닌 비교적 최근에 등장한 문화적 환경에서

오는 스트레스에 기인한다. 오랜 기간 자연에 적응하면서 진화한 생물학적 몸—마음의 규범과 빠르게 변화해 온 문화적 규범의 불화가 피로의 원인이 되는 것이다.

역사 시대에는 문화적 규범들 사이의 충돌이 문제가 되기도 한다. 인도 문화 연구자인 이옥순은 『게으름은 왜 죄가 되었나』에서 유럽 열강들이 제국주의 침탈 시기 제삼세계의 민중과 산업혁명 시기 자국 노동자에게 강요한 근면의 이데올로기가 게으름이라는 허상을 만들어 내 노동력을 착취하고 정치적 지배력을 강화하는 방편이었다고 주장한다.[23] 유럽의 주체적 자아가 아시아—아프리카의 참여적 자아를 지배하는 양상이다. "게으름은 실재하기보다 게으름에 대한 혐오감이 사상의 영역에 전이된 것"[24]이고, 사상 속에 전이된 근면과 게으름의 이데올로기는 자기 규제의 칼날이 되고 파괴적 피로의 원인이 된다.

지금까지는 석기시대에 진화한 생물학적 규범과 문명 시대에 발달한 문화적 규범의 충돌, 그리고 시대적 규범 간의 충돌에 따른 피로의 양상을 살펴보았다. 여기서 피로의 주체와 기준은 석기시대의 자연환경에 최적화된 생물학적 자아다. 하지만 20세기 말에 이르러 생물학적 자아를 파악하는 새로운 인식의 틀이 등장하면서, 자아의 개념 자체에 커다란 변화가 생기기 시작한다. 우리 몸이 소화와 호흡 등 독립적 기능 단위들의 집합이듯이 생물학적 기능과 인식의 주체도 연속성을 갖는 단일한 자아가 아닐 수도 있다는 생각을 처음으로 하게 된 것이다. 우리의 몸과 마음은 단일한 실체가 아니라 다양한 환경 속에서 독자적으로 다양한 적응의 문제를 풀어 온 상대적으로 독립된 모듈들의 집합이라는 것이다. 이 구도에 따르면 시간적으로나 공간적으로나 단일한 자아는 없다. 예컨대 체온조절의 기능과 영양 섭취를 위한 소화의 기능은 별도의 과정을 통해 진화하면서 서서히 우리 몸에 통합된 것이다. 그 각각의 기능과 구조의 단위를 모듈이라 한다. 따라서 날씨가 추워지면 옷을 껴입거나 따뜻한 양지를 찾아가도록 하는 모듈과 에너지가 고갈되었을 때 음식을 찾아 나서도록 하는 모듈은 상호 독립이면서 더 큰 체계로 통합되어 간다. 이 모듈들은 별도의 과정을 통해 결국은 우리 몸에 통합되지만, 이후로도 종종 독자적 보상 체계에 따라 행동한다. 음식을 구하고 따뜻한 곳을 찾아가는 행동이 반드시 동시에 일어나지는 않는 것처럼 우리 인식 체계의 진화도 생리적 기능의 진화와 마찬가지로 상대적으로 독립된 모듈들이 독자적으로 진화하면서 서서히 단일한 것처럼 보이는 자아로 통합되어 간다는 것이 진화심리학자들의 주장이다. 하지만 완벽한 통합은 쉽지 않은 과업이고 결과적으로 우리의 자아는 때때로 상호 모순되는 생각과 행동들을 만들어 낸다. 이러한 주장은 좌우의 뇌가 분리된 환자들을 대상으로 실시된 다양한 실험을 통해서도 확인된 바 있다.

신경과학자인 마이클 가자니가에 따르면 우리가 세상의 사물을 파악하고 옳고 그름과 좋고 싫음을 구분하며 그 판단에 따라 우리의 몸과 마음을 움직이는 주인이라 생각했던 합리적 이성은 해석자 모듈이라 불리는 뇌 기능의 한 단위일 뿐이다. 이 모듈은 허기와 갈증을 해소하기 위해 진화한 모듈이 물과 음식을 섭취했을 때 만족감을 느끼는 보상 체계를 진화시켰듯이 다양한 모듈들의 동기와 행동이 '말이 되는' 하나의 이야기로 통합될 때 만족을 느끼도록 하는 보상 체계를 진화시켰다. 나는 하나의 자아가 아닌 다양한 '나 들'의 집합인 셈이다. 자아는 모든 것을 지배하는 독재자가 아닌 시끌벅적한 시장바닥이나 합의제로 운영되는 의회나 위원회에 가깝다. 이렇게 몸과 마음을 독자적 모듈들의 집합으로 생각하면 우리가 자주 경험하는 내면의 갈등을 이해하기가 쉬워진다. 나의 해석자 모듈은 계속 담배를 끊으라는 신호를 보내지만 30년 이상의 습관을 통해 굳어진 또 다른 행동의 모듈은 여전히 편의점 진열대를 그냥 지나치지 못하게 한다.

이렇게 복잡다단한 다중의 자아를 만족시키는 하나의 보상 체계가 있을 것 같지는 않다. 그리고 『피로사회』의 지적처럼 피로는 보상 체계의 위기에서 온다. 이전 시대들의 피로는 각각 특징적인 보상 체계를 하나씩 가진다고 분석할 수 있지만, 다중 자아의 시대에는 보상 체계의 뚜렷한 특징을 찾을 수 없다. 너무나 다양한 욕망들이 혼재하기 때문이다. 너무 쉽게 충족되는 욕망은 이미 욕망이 아니다. 우리가 공기의 존재를 인식하지 못하는 것처럼 너무 많은 것은 아무것도 없는 것과 비슷하게 인식된다. 우리 집 냉장고에 들어있는 고깃덩어리의 가치는 석기시대 조상들이 그것에 부여했던 가치의 백분의 일도 안 될 것이다. 다중 자아의 시대에는 욕망과 충족의 체계에 따른 보상을 얻지 못해서가 아니라 그 보상이 이전처럼 절박하지 않기 때문에 피로를 느낀다. 고대로부터 고통은 뭔가 심오한 의미와 함께 찾아왔지만(인간에게 불을 가져다준 죄로 산 채로 독수리에게 간을 파 먹히는 프로메테우스를 생각하라.) 포스트모던 시기의 고통은 아무 의미가 없다. 과학이 거의 모든 것을 설명해 '버렸기' 때문이다.

피로에 대해서도 비슷하게 생각할 수 있다. 여러 가지

활동이 주는 심리적 만족과 생리적 보상의 질이 예전 같지 않은 것이다. 우리는 다양한 욕망의 모듈들을 조율해야 하는 초유의 과제를 떠안게 되었는데 그런 과제는 과거 조상들이 적응해 왔던 진화의 레퍼토리에는 없던 것이다. 해석자 모듈(이성적 판단)만을 활성화해서 해결될 문제도 아니다. 온몸과 온 마음이 그것도 '자동으로' 협동해야만 한다. 지휘자도 없는 오케스트라가 교향곡을 연주해야만 하는 상황과 비슷하다. 『피로사회』에서는 자기가 자기를 착취하지만, 다중 자아의 세계에서는 착취의 뚜렷한 대상이 없다. 피로의 주체도 명확하지 않다. 다중 자아 세계의 주민은 사이버 세계의 주민이기도 하다. 온라인과 오프라인을 넘나들다 보면 내가 나비가 되었는지 나비가 나로 변한 것인지조차 구분할 수 없는 호접몽의 경지에 빠지기도 한다. 그래서 많은 사람이 영화 매트릭스의 주인공이 된다.

이런 현실에 피로라는 말을 붙일 수 있는지에 대해서는 자신이 없다. 하지만 우리가 조율되지 않은 욕망과 충족의 체계가 어지러이 널려있는 세상을 살아가는 것은 분명해 보인다. 그래서 남들이 정해놓은 기준에 따라 스스로 착취하기도 하지만 그것조차 추구하기 어려운 경우에는 세상의 의미 없음에 절망하기도 하고 끝없이 세상과 자신을 저주하기도 한다.(또는 그런 모듈이 활성화된다.) 세속적 기준으로 경쟁에 성공한 사람들이라 할 수 있는 의대생과 의사들이 소진증후군에 빠지고 직업에 대해 만족하지 못하는 것도 그래서다. 그중 일부는 끊임없이 세속적 욕망을 추구하는 일관성을 보이지만 대다수는 다양한 욕망을 조율하는 데 실패한다. 그래서 세상이 그리고 자신이 피곤하다. 우리는 스스로가 자신을 착취해서라기보다는 분산된 자아들이 '말이 되는' 그럴듯한 줄거리의 이야기를 제대로 만들어 낼 수 없어서 피로하다.

다.

피로를 즐기는 깊은 심심함

　지금까지 『피로사회』와는 조금 다른 줄거리의 이야기를 했다. 하지만 이런 상황을 극복하거나 적응해 나가는 전략에 대해서는 전혀 이견이 없다. 피로사회에서의 탈출은 '성과'라는 우상을 파괴하고 고유한 가치와 의미 그리고 '생동성'을 갖는 이야기를 창조함으로써 가능해진다. 피로를 무조건 피하기보다는 그것을 깊이 사유하고 즐김으로써 나의 안팎에 있는 다양한 '나 들'과의 공동체를 만들면서 나의 외연을 확장해 가는 것이다. 한병철과 한트케는 이런 상태를 '우리-피로', '무위의 피로', '너를 향한 피로', '치유적 피로', '깊은 피로', '근본적 피로', '접근을 허락하는 피로', '세계를 신뢰하는 피로', '만져지고 또 스스로 만질 수 있는 상태를 실현하는 피로' 등으로 표현한다. 피로의 극복은 역설적으로 그것을 적극적으로 누림으로써 가능해진다. 피로를 누리려면 나를 활짝 열어젖혀야 한다. 그리하여 나 속에 갇힌 나가 아닌 '우리'

로 확장하는 나, 무엇을 열심히 하는 나가 아닌 무엇을 하지 않을지를 아는 나, 그래서 너와 나를 치유하는 나가 되는 것이다. 반 퍼슨이 『급변하는 흐름 속의 문화』[25]에서 묘사한 '구멍이 숭숭 뚫린 나'이고 에서의 '만져지는 손'과 우로보로스(꼬리를 문 뱀)가 상징하는 그리고 신유물론 철학자들이 말하는 수행적 주체와도 닮은 '나 들'이다.

이것은 그동안 우리가 상식으로 알고 있던 자아와 피로 그리고 보상의 개념과는 전혀 다른 새로운 이야기를 하도록 이끈다. 고정된 나의 명사적 개념이 아닌 밖으로 열린 채 세상과 함께 새로운 이야기를 만들어 가는 동사적 삶을 살아가자는 것이다. 이것은 질병 그 자체보다는 병을 앓고 있는 환자의 삶에 초점을 맞추려는 최근 의료(건강)인문학의 경향과도 일치한다. 그 경향은 세 개의 큰 흐름으로 정리할 수 있다.

첫째는 경쟁을 중심에 둔 구도에서 협동과 공감으로의 전환이다. 경쟁의 구도는 나와 나 아닌 것을 구분하여 나를 확실히 하는 데서 출발한다. 항생제와 소독제로 역병을 물리치는 데 성공한 현대의학의 성과는 이런 경쟁의 구도가 우리 속에 굳건히 자리 잡도록 했다. 한병철은 이렇게 안과 밖, 친구와 적, 나와 남 사이에 뚜렷한 경계

선을 긋는 것을 면역학적 도식이라 불렀다.[26] 그는 면역을 공격과 방어의 도식으로 파악하는 것 같다. 그러나 최근의 면역학 연구자들 중에는 이런 도식이 더 이상 유효하지 않다고 주장하는 사람이 적지 않다. 면역은 나 아닌 것을 물리치는 것이 아니라, 나 아닌 것과의 관계를 새로 만들어 가는 과정이라는 것이다. 그들은 여전히 면역이라는 말을 쓰지만, 정확히 말하면 면역(免疫)에서 공역(共疫)으로의 전환을 말하고 있다. 면역학도 이제는 여전히 상호 배타적 경쟁을 강조하는 주류 환원론과 협동적 주체의 형성을 강조하는 비주류 관계론으로 분화하고 있다.

고통스러워하는 타인을 바라만 보고 있어도 고통을 당하는 사람의 뇌에서 활성화되는 부위와 같은 나의 뇌 부위가 '저절로' 활성화된다는 거울 뉴런의 발견도 있었다. 우리는 다른 사람을 이성적으로 이해하기에 앞서 감성적으로 공감하도록 진화했다는 증거 중 하나다. 환자의 고통에 진정으로 공감하는 의사의 치료 성적이 그렇지 않은 의사에 비해 우수하다는 연구 결과도 있다. 우리는 모두 그리고 특히 의사는 그 존재만으로도 치유의 도구일 수 있다는 것이다.

둘째는 발생한 사건(질병) 그 자체보다는 그 사건에 이르게 된 삶의 과정과 예상되는 경과를 중시하려는 경향이다. 과거에는 특정 연령대에서 발생하는 사건의 평균치에 환자의 상태를 대입해 정상과 비정상을 나누었지만, 이제는 평균치는 참고 사항으로 두고 환자 개인의 인생 경로를 중심으로 진단하고 치료를 설계해야 한다는 것이다. 평균치를 중심으로 만들어진 생애주기(life cycle)의 틀에서 벗어나 생애 경로(life course)의 관점에서 질병과 인생을 바라보면 과거에는 보이지 않던 새로운 영역을 발견할 수도 있다. 피로의 '요인'을 발견해 반사적으로(reactive) 대응하기보다는 그것이 나의 삶을 어떻게 바꿨는지를 생각해 보고 앞으로 나는 어떻게 살아야 할지를 주도적으로(proactive) 설계하자는 것이다.

셋째 피로와 질병은 개념으로 존재하는 것이 아니라 나의 삶 속에 펼쳐지는 것이다. 그 과정에 저절로 어떤 이야기가 만들어진다. 그런 이야기에 강력한 치유의 효과가 있다는 사실은 오래전부터 알려져 있었다. 정신분석이 아니더라도 환자는 자신의 질병 경험을 자신의 언어로 풀어냄으로써 피로와 스트레스를 누릴 수 있다. 그것을 들어주고 공감을 표시해 주는 사람이 있다면 치유의 효과는 배가된다. 고대 그리스의 병원(치유의 장소)이었던 아스클레피온의 극장에서는 희극보다는 주로 비극이 공연되었다고 한다. 환자들은 일시적으로 비극의 주인공이 되어 자신의 처지를 반추할 수 있었을 것이다. 자신의 이야기와 연극 속의 이야기가 공명을 일으키기도 했을 것이고 자신이 가지고 있던 이야기의 줄거리를 수정하기도 했을 것이다. 그리고 그런 이야기들이 새로운 삶을 설계하는 치유의 계기가 되기도 했을 것이다.

최근 의학계 일각에서는 이런 이야기의 치유 효과에 주목해 서사 의학(Narrative Medicine)이라는 분야를 개척하기도 했다. 피로는 삶의 찌꺼기라 할 수도 있겠지만, 또한 그 삶을 푹푹 삶아 새로운 이해의 방식을 만들어 내는 이야기의 발효탱크일 수도 있다. 피로는 열정과 노고가 지나간 자리에 남은 쓰기도 하고 달기도 한 삶의 흔적이며, 그로부터 새로운 삶의 이야기가 시작되는 깊은 심심함이기도 하다. 치유란 그런 심심함을 누리고 즐길 수 있는 환경을 만드는 것일 뿐이다. 따라서 치유는 개인에 속하지 않는다. 치유는 끊임없이 자기 자신을 닦달해야만 하는 피로사회의 이야기를 열정과 노고에 뒤따르는 여유롭고 심심한 이야기로 바꾸는 과정일 것이다.

4

——

고통의 인문학

homo

Collectio Humanitatis pro Savatione 1

"무서운 것은 아픔을 무력하게 만드는, 아픔 바깥의 습관이 아니라, 아픔 속에서 잠자는 아픔 자신의 습관이다. [⋯] 극복할 수 없는 아픔에 대한 위안은 그래도 우리가 그 아픔을 '앓아낼' 수 있다는 믿음에 있다."[27]

"질병과 고통은 그 사람과 세상 사이에 벽을 쌓는다. [⋯] 다른 사람의 고통을 목격하면서 그 고통이 사라지기를 바라지 않을 수는 없다."[28]

"아픈 몸이 침묵하지 않는다는 것은 분명하다. 그것은 고통과 증상 속에서 생생하게 말한다. 그러나 그것은 명료하지 않다. [⋯] 이야기는 언제나 상처에서부터 시작해 왔고 치유의 한 형태였다."[29]

나는 20년 가까이 임상 치과의사로 살았다. 많은 환자들이 나로 인해 지독한 치통에서 벗어나기도 했겠지만, 또한 불필요한 고통을 겪은 환자도 적지 않을 것이다. 환자들의 '고통'을 제거하기 위해 애쓰기는 했지만, 고통스러워하는 '환자'를 중심에 두지는 못했던 것 같다. 변덕스러운 환자보다는 과학으로 객관적으로 다룰 수 있는 고통의 메커니즘이 주요 관심사이었기 때문이다. 마취를 했는데도 아파하는 환자는 과민하거나 꾀병을 하는 것이라고 생각했다. 이런 종류의 고통을 통증(pain)이라 하는데 대부분 신체의 구조와 기능으로 설명할 수 있다.

고뇌 또는 괴로움이라 부르는 고통(suffering)도 있다. 조금씩 그 신비가 벗겨지고 있기는 하지만 아직 신체의 구조와 기능만으로는 설명할 수 없는 종류의 고통이다. 이런 고통은 우울증, 신경증, 조현병 등 정신질환으로 나타나기도 하지만, 실직이나 실연 등 의학의 대상이 되지 않는 실존적 경험에 기인하는 경우도 많다. 몸과 마음을 전혀 다른 범주에 두는 생물의학(biomedicine)으로는 다루기 어려운 영역의 고통이다. 그러나 최근에 급격히 발전하고 있는 뇌과학과 진화생물학의 영향으로 몸과 마음의 연결고리에 대한 과학적 증거가 늘어나고 있기는 하다.

인간은 사회적이고 정치적인 동물이다. 사회와 정치는

정치범에 대한 고문에서처럼 직접 신체적, 심리적 고통을 가하기도 하지만, 개인과 집단의 사유와 행동을 변화시킴으로써 간접적으로 건전한 정서를 억압하고 괴롭히기도 한다. 1980년 광주에서 벌어진 학살과 이후 반정부 세력에게 가해진 신군부 권력의 폭력은 피해 당사자들에게 회복할 수 없는 깊은 상처를 남겼다. 2009년 철거민 5명과 경찰 1명이 화염에 싸여 죽어간 용산참사와 2014년 300명이나 되는 아이들을 바다에 수장시킨 세월호 사건, 그리고 2022년 이태원 참사는 그 자체로도 큰 고통이었다. 하지만 사건을 수습하는 과정에서 일부 언론과 권력이 보여준 무책임하고도 무능한 태도는 상처를 치유하기보다는 오히려 고통을 가중시키는 것이었다.

고통을 이렇게 셋으로 나눌 수 있다고 해서 각 영역이 상호 독립적인 것은 아니다. 신체와 정신과 사회는 긴밀히 연결되어 있어 생물학적 존재로서의 몸과 마음을 사회적 존재로서의 사람과 구분하기 어려운 경우도 많다. 몸—마음—사람—사회는 단절이 아니라 연속이다. 고통을 느끼고 해소하는 과정에서도 이 영역들은 서로 겹친다. 고통이 발생하는 미시 과정을 생물학 메커니즘으로 설명할 수 있다고 해서 그 고통을 경험하는 사람과 그에게 고통을 주는 사회의 구조를 제대로 이해했다고 말할 수는 없다. 생물학에 토대를 두면서도 사회와 문화와 역사 속에서 발생하고 경험된 고통을 조금 더 실제와 가깝게 이해하는 것이 이 장의 목적이다.

가.

우리는 왜 아픈가?

1979년 국제통증학회가 발표한 정의에 따르면, 통증은 "실제의 또는 잠재적 조직손상과 관련된 또는 그런 손상의 용어로 기술된 불쾌한 지각과 감정의 경험"이다. 수식어를 빼고 단순화시키면 통증은 '조직손상의 경험'이다. 몸의 온전성이 위협받을 때 생기는 신호라는 말이다. 비유하자면 화재 경보와 같은 것이고 일종의 위험회피 반응이다. 이 정의는 1900년에 발표된 "보호 반사의 정신적 부가물"이란 찰스 셰링톤의 정의와 기본 골격이 같다. 보호 반사가 조직손상으로, 정신적 부가물이 경험으로 대체되었을 뿐이다. 하지만 보호 반사와 조직손상, 정신적 부가물과 경험의 차이는 절대 작지 않다. 반사와 부가물은 기계적 표현이지만 조직손상과 경험에서는 주관적 인격을 느낄 수 있기 때문이다. 객관성을 강조하는 과학이 발전함에 따라 오히려 통증의 정의에 주관성이 침투하고 있다는 사실은 의미심장하다.

손상과 경험의 범위도 크게 확대되었다. 손상은 잠재

적인 것과 '그런 용어로 기술된' 것으로 확장되었고 경험에는 지각과 감정이 포함되었다. 잠재적 손상은 위험을 피하기 위한 반사작용에 포함될 수 있겠지만 '그런 용어로 기술된' 손상은 그리 단순하지 않다. 고통과 통증이 위대한 문학과 예술 작품의 단골 소재인 점을 생각하면, 통증의 경험을 '기술된' 손상으로 한정하는 것에는 문제가 있어 보인다. 에드바르 뭉크의 〈절규〉나 고통스러운 자신의 삶을 그린 프리다 칼로의 작품들을 떠올려 보라. 그 그림들은 기술된 손상이 아닌 경험된 고통을 표현하고 있지 않은가. 그것들은 우리에게 통증을 이해시키기보다는 아파하는 한 인간을 느껴보라고 속삭이지 않는가.

수많은 문학작품이 표현하고 있는 고통의 주요 특징은 '함께 할 수 없음'이다. 어떤 용어를 사용하든 듣는 사람이 그 고통스러운 경험을 온전히 이해하거나 느낄 수는 없다는 것이다. 하지만 고통의 또 다른 특성은 이런 원초적 한계에도 불구하고 그것을 표현하고 다른 사람과 나눔으로써 치유에 이를 수 있다는 것이다. 그래서 문학작품들은 은유의 구조를 활용해 독자가 간접적으로나마 그것이 어떤 경험인지 느끼도록 한다. 철학자 니체는 지긋지긋한 통증을 개에 비유했다고 한다. 어찌해 볼 도리가 없는 통증과는 달리 개는 꾸짖고 달래고 훈련해 함께 살아야만 하는 존재이니, 통증이 찾아올 때마다 그것을 달래고 꾸짖고 훈련해 함께 살 방도를 모색할 수 있었을 것이다.

1979년의 통증 정의에 감정적 경험이 포함된 것도 뜻깊은 일이다. 근대 이후의 주류 담론인 기계적 세계관에 따르면, 감정은 생물학적 현상에 뒤따르는 객관화할 수 없는 부가물이거나 몸과는 전혀 다른 범주에 속하는 별개의 현상이다. 근대적 세계관의 원조인 데카르트가 생각했던 통증은 신경관을 흐르는 미세한 입자의 진동에 의한 것이었다. 이 구조에 마음이나 감정이 들어설 자리는 없다. 근대 이후의 서양의학은 바로 이런 세계관에 근거를 둔 것이고 엄청난 성공을 거두었다. 관찰하고 재현할 수 있는 객관적 사실만이 탐구의 대상이었고 마음과 감정은 그 조건을 충족시킬 수 없었다. 하지만 통증 현상을 객관적 사실로만 설명할 수 없다는 것 또한 상식이었다. 보호 반사라는 재현할 수 있는 '사실'과 정신적 부가물이라는 애매한 '현상'을 결합한 통증의 정의가 나온 것도 그래서이다. 통증은 객관적 사실에 토대가 있지만 또한 애매하고 주관적인 현상이며 경험이다.

사실과 경험을 범주가 전혀 다른 영역에 두는 이원론적 사유 양식에서는 통증에 대한 이런 정의가 모순일 수 있다. 하지만 그것을 생명 진화의 긴 흐름 속에 놓고 보면 그 모순이 사라진다. 통증이 보호 반사의 기능을 한다는 건 비교적 명확하다. 척수가 절단된 개구리라도 앞발에 염산을 떨어뜨리면 뒷발이 그것을 쓸어내리는 데 필요한 운동을 한다. 개구리는 운동을 통해 위험을 회피하지만 포유류 이상에서는 그런 반사작용 외에 위험한 자극과 아픔을 결합해 그것을 피하도록 하는 기제가 진화했다. 그러니까 통증은 위험회피의 효율을 높이기 위해 진화한 몸의 속성이다. 여기에 불쾌한 감정까지 결합하면 그 효율은 더 높아질 것이다. 20세기 초까지만 해도 감정이란 현상의 신경학적 기제가 거의 알려지지 않았지만, 이제 우리는 감정의 변화를 초래하는 뇌의 구조와 기능에 대해 많은 것을 알고 있다. 통증의 정의가 더 애매해진 것은 이렇게 새로 알려진 사실들을 고려해 더 많은 것을 설명해야 했기 때문이다.

여기까지만 해도 통증은 위험을 피하려고 진화한 몸의 수동적 속성이다. 뇌의 진화로 보면 생명 유지의 기초 기능을 담당하는 후뇌와 감정에 관계하는 중뇌의 역할에 해당한다. 하지만 인간은 어느 동물보다도 큰 전뇌를 진화시켰고 전뇌의 고차적 인지기능은 후뇌와 중뇌의 기능에까지 영향을 미치게 되었다. 후뇌의 기능이 지각이고 중뇌의 기능이 감정이라면 전뇌는 벌어진 사태에 의미를 부여하고 개념화하여 지각과 감정 그리고 이후의 경험에까지 영향을 미치는 인지의 기능을 담당하게 되었다. 이렇게 지각-감정-인지라는 경험의 삼각구도가 완성되는데 통증의 경험도 예외가 아니다. 하지만 전뇌가 중뇌와 후뇌를 일방적으로 통제하는 것은 아니다. 우리의 인지는 지각과 감정에 굴복하기도 하고 그것을 변화시켜 새로운 의미를 부여하기도 한다. 2장에서 언급한 대니얼 카너먼의 표현을 빌리면 지각과 감정은 빠른 마음이고 인지는 느린 마음이다. 조너선 하이트는 전자를 코끼리에 후자를 그 코끼리를 부리는 조련사에 비유했다.[30] 우리가 느끼는 아픔은 빠른 마음과 느린 마음, 코끼리와 조련사의 상호작용이 빚어낸 감각과 감정과 인지의 복합물이다.

보호반사---〉구조화---〉개념화(의미부여)〈---제한

(지각: sensory) (감정: emotional) (인지: cognitive) (환경: environmental)

고통을 물리적 통증(pain)과 심리 사회적 고뇌(suffering)로 구분하는 방식은 이 상호작용의 측면을 과소평가한 결과라 할 수 있다. 의학이 물리적 통증을 넘어 환자의 고통에 관심을 가져야 한다는 의료인문학의 주장은 여전히 중요하다. 하지만 둘 사이의 관계와 그것의 결과인 실존

적 경험에 초점을 맞춘다면, 그리고 그런 경험이 지각과 감정과 인지의 상호의존적 구조로 몸속에 쌓여온 진화의 과정을 고려한다면, 미시적 차원의 인과 분석보다는 통시적이고 종합적인 이해의 방식이 더 유용하다고 해야 한다.

고통의 역사

통증은 위험회피라는 단기적 목적에 적응한 신경 회로
가 감정이라는 좀 더 지속적 영향을 미치는 회로와 연결
되고, 가장 늦게 진화한 인지 회로와 상호작용하는 과정
에 발생하는 종합적 인간 경험이다. 그런데 이러한 경험
은 경험의 주체가 살고 있는 환경의 영향 아래 있다. 지
각−감정−인지가 통증의 상향 회로라면 그가 살고 있는
자연적, 사회적, 문화적 환경은 그런 통증의 경험을 제한
하는 하향 회로이다.

상향 회로에 관한 신경과학 지식이 없던 시절에는 당
대의 주도적 담론에 따라 고통을 느끼고 이해하는 방식
이 크게 달랐다. 아리스토텔레스는 통증을 포함한 고통
이 기쁨, 슬픔, 즐거움, 노여움과 같은 감정의 일종이라
생각했다. 고대 그리스와 로마의 신화와 역사에는 고통
속의 영웅이 많이 등장한다. 뱀에게 물려 죽어가는 라오

콘을 형상화한 조각상을 보면 어떤 숭고함이 느껴진다. 인간에게 불을 훔쳐다 준 벌로 밤새 독수리에게 간을 쪼아 먹히고 아침이면 다시 새로운 과정을 반복하는 프로메테우스의 영원한 고통에는 인류 문명과 맞바꿀 만큼의 교환가치가 부여된다. 신화시대의 고통은 신과의 거래에서 필요한 것을 얻는 대가로 지불하는 일종의 화폐 역할을 했던 것 같다.

십자가에 못 박힌 예수로부터 시작되는 기독교 문명에서도 예수의 고통은 인류의 구원과 교환된다. 3세기 로마 황제의 근위 장교였던 세바스티아누스는 몰래 기독교를 믿었다는 이유로 화살형에 처해진다. 손발이 묶인 채 화살에 맞아 죽어가는 모습을 그린 17세기 이탈리아 화가 구이도 레니의 〈성 세바스티아누스〉에는 고통에 신음하는 일그러진 얼굴이 아닌 머리를 뒤로 젖힌 채 하늘을 응시하는 황홀경에 빠진 남자의 모습이 그려져 있다. 온몸에 화살이 박힌 채 버려진 세바스티아누스는 한 여인의 지극한 간호로 살아났다고 전해진다. 이후 중세 유럽에서 세바스티아누스는 질병의 화살에서 인간을 구원해 주는 성인으로 추앙받게 되었다고 한다. 역시 성인의 고통은 민중의 평안과 교환되는 화폐의 역할을 하고 있다.

영웅과 성인(聖人)의 고통과 달리 평범한 사람의 통증은 죄의 유무를 판단하는 기준이었다. 유무죄는 고문당한 피의자가 고통을 느끼는지 아닌지에 따라 가려졌다.(trial by ordeal) 죄를 지은 것으로 의심되는 사람은 뜨겁게 달군 쇠몽둥이를 쥐고 있어야 하는데 죄가 없다면 신의 가호로 고통을 느끼지도 상처가 덧나지도 않는다고 여겨졌다. 의사이자 판사이기도 한 성직자는 사흘 뒤에 상처가 잘 아물었는지를 조사해 최종 판결을 한다. 영웅의 고통은 인류를 구원하지만, 범인의 고통은 유죄의 증거일 뿐이었다.

힌두교의 타이푸삼 축제에 참여하는 사람들은 갖가지 방법으로 스스로 고통을 가한다. 그들이 고통을 참는지 정말로 못 느끼는지 확인할 방법은 없지만, 종교적 영성이 어떤 형식으로든 통증에 영향을 미쳐 경험의 의미와 내용을 크게 변화시켰기에 또는 그렇게 믿었기에 가능한 행동이다. 이렇게 자발적으로 스스로 가하는 고통은 그것에 부여하는 의미에 의해 상쇄된다. 예측할 수 있는 고통에 대한 생리적 방어기제가 작동하는 것으로 볼 수도 있다.

그러나 비자발적으로 가해지는 예측 불가능한 고통은

피해자의 인생 전체를 처참하게 파괴해 버린다. 이때 고통은 공포로 인해 강화되는 악순환의 고리를 형성한다. 역사상 수많은 정치와 종교 지도자들은 고통과 공포를 통치의 주요 수단으로 삼아 왔다. 고통을 극대화하기 위한 잔인한 고문 방법과 도구들이 고안되었다. 이 도구들을 보여주기만 해도 사람들은 공포에 떨었고 그렇게 효과를 발휘했다. 비자발적으로 가해지는 고통은 인간 행동을 조절하는 중요한 통치 수단이었다.

고통은 쾌락과 짝을 이룬다. 그 둘을 적절히 조합하면 인간의 행동을 원하는 방향으로 유도할 수 있다고 생각한 것이 20세기 초중반에 크게 유행했던 행동주의 심리학이다. 인간을 포함한 동물은 모두 고통을 피하고 쾌락을 추구하므로 이를 이용해 인위적으로 행동을 조절할 수 있다고 본 것이다. 행동주의에 따르면 고통은 행동을 결정하는 데 필요한 자극일 뿐이다. 고통에는 어떤 실존적 의미도 없다.

인간 고통의 실존적 의미가 사라지기 시작한 것은 의학이 그 고통을 통제할 수 있게 된 사실과 무관하지 않다. 19세기 중반 전신마취가 발명되어 외과 수술로 인한 극심한 통증을 사라지게 하자 고통을 신의 선물로 여겼던 보수주의자들은 크게 반발했다. 특히 출산의 고통을 줄이기 위한 마취에 대해서는 격렬한 논란이 계속되었다. 그러나 결국은 고통을 피하려는 본능이 종교적 이데올로기를 이긴다. 사람들은 종교에 기대 마취를 반대하면서도 내심 마취를 받아들일 명분을 찾고 있었는지도 모른다. 영국의 빅토리아 여왕이 마취 상태에서 왕자를 출산했다는 사실이 알려지자 이 논쟁은 서서히 막을 내리게 된다.

19세기 말에는 아스피린이 대량 생산되어 보급되면서 수술에 의한 급성 통증뿐 아니라 만성 통증도 일정 정도 조절할 수 있게 되었다. 국소마취가 일반화되고 전신마취에서도 전신 생리를 조절할 수 있는 기술이 적용되면서 마취의 위험성도 크게 줄었다. 초월적 의미를 지닌 신의 메시지였던 고통이 이제는 없애버려야 할 해충과 같은 지위로 전락하고 만다.

다.

고통을 살아내기: 앓기와 깨기

고고학적 증거와 역사적 기록을 자세히 검토한 학자들은, 인간의 역사는 인간이 다른 인간에게 가한 폭력과 고통의 양이 현저히 줄어들어 온 과정이었다고 말한다. 마취제와 진통제를 발명한 현대의학은 생리적 통증마저 통제할 수 있게 했다. 이제 고통은 드높은 이상의 실현을 위해 치러야 할 대가도 신의 저주도 아니다. 고통은 어떤 가치나 의미도 없는, 제거해야 할 불쾌한 경험일 뿐이다. 아직도 많은 사람이 의학이 해결하지 못하는 통증에 시달리고 있기는 하지만, 적어도 물리적 원인이 있는 통증은 원리적으로 해결할 수 있는 것으로 여겨진다.

통증의 조절에서 뛰어난 성과를 이루어낸 현대의학이 오히려 통증에 대해 대체로 무관심했던 것도 그런 낙관적 전망 때문이었다. 통증을 다루는 의학의 전문 분야는 그냥 의식의 기능을 정지시키는 마취였다. 통증의 제거

=마취라고 생각했기 때문이다. 의학에서는 20세기 말에 와서야 도려낼 수 없는 살아있는 통증에 주목하게 되었고 통증의학이 태어난다. 이처럼 통증에 대한 의학의 태도는 지난 백여 년 동안에도 크게 달라져 왔고 대중문화와도 그 영향을 주고받았다.

지난 세기에 발간된 단행본 중에서 통증(pain)이 제목에 포함된 것만 살펴보아도 통증에 대한 과학과 문화의 이해 방식이 얼마나 다양한지 알 수 있다. 통증은 도려내야 할 병소(surgery)이거나 정복(conquest)의 대상 또는 풀어야 할 수수께끼(puzzle)이기도 하지만, 맞서야 할 도전(challenge) 또는 다양한 가치와 의미가 투영된 문화(culture)이기도 하다. 우리가 살아내야 할 고통은 이렇게 복잡하고 다양한 뜻으로 채워진 살아있는 경험이다. 마땅히 피하고 없애야 할 통증도 있지만 당당히 맞서 싸우거나 소화해야 할 고통도 있다.

21세기 들어 우리나라에서 유행하고 있는 건강 관련 담론의 흐름을 보면 대체로 웰빙에서 힐링으로의 방향인 것 같다. 웰빙이 주로 음식과 운동 등 개인의 신체 활동과 경험에 초점을 맞췄다면 힐링은 주로 심리적이거나 사회적인 고통을 다룬다. 『아프니까 청춘이다』라는 제목의 책이 백만 권 이상 팔렸고 젊은이들과의 소통에 나선 사회 저명 인사들에게 멘토라는 이름이 붙여지기도 했다. 다 죽었다던 인문학 열풍이 불어나 나 같은 얼치기 인문학자에게 강연을 청하는 모임들도 적지 않다. 힐링이 새로운 강박이 되는 듯한 느낌마저 있다.

하지만 진정한 의미의 힐링은 고통을 있게 한 구조와 그 속을 살아가는 주체의 관계에서 시작되어야 한다. 고통은 객관적 조건과 주체적 경험의 상호작용이다. 객관적 조건은 의학의 몸일 수도 사회와 문화의 구조일 수도 있다. 고통은 그 조건들을 살아내는 주체의 체험이다. 고통은 나 아닌 것이 나에게 가해지는 것도 내 속에 있던 것이 오롯이 드러나는 것도 아니다. 고통은 나와 나 아닌 것의 관계로부터 생긴다. 그래서 고통으로부터의 치유는 아파하는 나를 '앓아내고' 고통을 주는 객관적 조건을 '깨는' 것이어야 한다.

이성복 시인은 "극복할 수 없는 아픔에 대한 위안은 그래도 우리가 그 아픔을 '앓아낼' 수 있다는 믿음에 있다"[31]고 했다. 여기서 우리는 우리말 '앓다'가 지닌 묘한 이중성을 발견한다. 아픔을 '앓아내는' 것이 아픔의 뜻을 '알아내는' 것과 겹치기 때문이다. 1장에서 강조한 바와 같이,

나는 '앓다'와 '알다'가 모두 '알[卵]'에서 왔을 것으로 생각한다. 알은 새로운 생명이 싹트는 공간이다. 어미는 그것을 품어 생명을 기르고 새 생명에게 삶을 '알게' 해 준다. 그 속에서 새로운 삶을 '앓아낸' 생명은 그 알의 껍데기를 '깨고' 새 세상으로 나온다. 완전히 새로운 세상을 만나는 것이다. 앎과 깨달음은 새 생명이 태어나는 난생의 과정을 우리의 일상적 경험에 비유한 데서 유래했으리라는 것이 나의 생각이다.

우리는 삶을 그리고 그 속의 아픔을 앓으면서 살아간다. 그리고 그 아픔이 무르익었을 즈음 삶에 대한 새로운 앎에 도달하게 되어 낡은 삶의 껍데기를 깨고 새로운 삶을 시작하기도 한다. 삶의 고통은 누구도 대신 앓아줄 수 없는 나만의 실존적 체험이다. 이 고통을 충분히 앓아냈을 때 새 삶의 길이 열린다. 그리고 이렇게 시작되는 새 삶은 다른 사람의 고통에 대한 폭넓은 이해의 지평을 열게 된다.

라.

고통 깨기: 아프냐? 나도 아프다!

선사시대와 고대가 '말'의 시대였다면 이후 근대까지는 '글'의 시대라고 할 수 있다. 글은 말을 흉내 낸 것이지만, 밖으로 내자마자 사라져 버리는 말보다는 언제라도 눈으로 확인할 수 있는 글이 진리에 가까운 것으로 여겨졌다. 현대에 와서 빛과 소리를 담을 수 있는 영상 매체 그리고 이것을 실시간으로 모든 사람과 나눌 수 있는 기술이 개발되자 우리는 전혀 새로운 방식의 소통을 하게 되었다. 이제 우리는 말과 글이 모두 담긴 영상 속에서 몸 전체로 소통한다. 유튜브를 비롯한 수많은 영상 공유 매체가 일상 속 깊숙이 스며들어 있다.

우리는 타인의 고통조차도 영상 매체를 통해 '소비'한다. 몇 해 전 중국의 어떤 재래시장에서 벌어진 어린아이의 교통사고 장면이 우연히 폐쇄회로 TV에 찍혀 유통된 적이 있다. 사고를 낸 운전자가 뺑소니를 친 것은 말할 것도 없고 그 장면을 목격한 대여섯의 사람들은 아무런 도움도 주지 않고 지나쳤으며, 이차 사고를 당한 아이는 결국 목숨을 잃었다. 이 영상 속 사건은 전 세계 사람들에게 충격을 주었고 윤리학자들은 이 사태를 설명하고 처방을 제시하느라 바빠졌다. 이런 상황에서 아무런 도움도 주지 않고 지나치는 사람을 처벌할 수 있도록 하는 법(法)을 만들어야 한다는 주장이 힘을 얻었고 논쟁(論)도 벌어졌다.

전혀 상반되는 감성과 메시지를 주는 사례도 있다. 인터넷 영상 공유 사이트에는 고속도로에서 사고를 당한 동료를 구하기 위해 위험을 무릅쓰는 '인간이 아닌' 동물들의 이타적 행동 사례가 여럿 올라와 있다. 병이 들어 수면까지 올라오기 어려운 동료를 물밑에서 받쳐 올려 숨을 쉴 수 있도록 도와주는 돌고래의 행동 사례도 보고된 바 있다. 그들에게는 복잡한 의사소통을 위한 말도 글도 없지만 그렇게 몸끼리 서로를 도우며 살고 있다.

두 사례를 단순히 비교하면 사람이 짐승만도 못하다는 한탄이 흘러나온다. 역사 속에도 인간이 인간에게 저지른 만행의 사례는 너무 많다. 하지만 좀 더 긴 안목으로 바라보면 오히려 점차 서로에 대한 공감의 폭을 넓혀 온 것이 인간의 역사라고 주장하는 학자들도 많다. 나와 내 가족에 대한 사랑이 이웃으로 확대되고 이어서 공동체와 국가로 그리고 인간이 아닌 생명 전체로 퍼져나가는 과정에 있다는 것이다. 그리고 그렇게 공감의 폭을 넓혀 온 것이 인류가 지금처럼 번창할 수 있었던 가장 큰 요인이라고 한다.

위기에 처한 동료 인간을 돕지 않고 지나치는 우리들 자신의 모습에 충격과 분노를 느끼는 '마음'이 바로 공감이 확산되어 온 인류 진화의 증거 중 하나다. 이 감정은 몸으로 느낄 뿐 말이나 글로 표현되기 어려운 무엇이다. 개인차도 있고 심한 경우 타인의 고통에 전혀 동요하지 않는 병적인 상태의 인간도 있지만, 우리 대부분은 고통받는 타인을 목격했을 때 스스로 몸서리를 치도록 진화되었다. 사랑하는 사람이 벽에 못을 박다가 망치로 손가락을 강하게 때렸다고 상상해 보라!

20세기가 끝나갈 즈음에는 우리가 보이지 않는 무엇으로 서로 연결되어 있다는 과학적 증거가 발견되기도 했다. 내가 손가락을 다쳐 아파하는 애인을 바라보면, 그 아픔을 부호화하여 발화한 애인의 신경세포와 같은 부위의 신경세포가 나의 뇌에서도 발화한다는 것이다. "아프냐? 나도 아프다!"

　위 동영상의 사례나 역사 속의 수많은 악행으로 인한
일시적 퇴행에도 불구하고 인류는 공감의 동심원을 더
크게 그려가고 있다. 차가운 바다에서 고통스럽게 죽어
간 3백이나 되는 아이들과 그 가족의 아픔과 슬픔과 분노
를 몸으로 느낀다면 우리도 그 과정에 동참하고 있는 것
이다.

마.

고통 앓기: 뜻, 말, 이야기

위에서 살펴본 바와 같이, 고대 영웅들의 고통은 신과의 거래에 사용되는 도덕적 화폐와 같은 것이었다. 하지만 대부분의 21세기 현대인에게는 거래할 신도 그 거래를 중재할 영웅도 없다. 신과 영웅은 사라졌어도 그들 사이의 매개물이던 고통은 그대로 남았다. 하지만 고통 속에 담겨있던 숭고한 의미는 사라진 채였다. 이번에는 영웅이 아닌 평범한 우리 모두의 살아있는 고통이 문제가 된다. 의학의 발전으로 물리적 자극에 의한 급성 통증은 충분히 조절할 수 있게 되었지만, 아직 그 원인을 잘 모르는 극심한 신경성(neuropathic) 통증은 조절이 어렵다.

사회가 복잡해지면서 심리·사회적 고통도 많고 복잡해졌다. 고통을 둘러싼 의미와 맥락이 달라지자 고통을 앓는 방식 심지어는 그 내용까지 변하기 시작했다. 우리는 고통이라는 말 하나로 정리하고 있지만 고통의 경험에는 다양한 넓이와 깊이가 있다. 고통의 형식과 내용, 그것이 가해지는 생물—심리—사회적 맥락, 그리고 그것을 앓는 사람의 주관적 태도에 따라 경험되는 고통의 질과 양은 크게 달라진다.

하지만 어떤 경우든 '나눌 수 없음'과 '나누기를 갈망함'의 공존은 고통의 역설적 진실이다. 이런 역설은 오히려 창조적 고통 앓기의 비옥한 토양이 되기도 한다. 죽음의 수용소에서 살아남은 정신과 의사 빅터 프랭클은 극단적 현실 속에서도 살아감의 뜻을 찾으려 했고 달성할 수 있는 목표를 추구했다.[32] 그의 목표는 분실한 로고테라피(의미치료)에 관한 저서의 원고를 다시 완성하는 것이었다. 희박한 삶의 가능성 속에서도 목표를 추구하는 그의 노력 그 자체가 저서의 내용이기도 했다. 그는 그렇게 삶의 뜻을 찾는 방식으로 고통을 앓아냈고 그 결과 그 고통을 깨고 생존할 수 있었다. "무서운 것은 아픔을 무력하게 만드는 아픔 바깥의 습관이 아니라 아픔 속에서 잠자는 아픔 자신의 습관"[33]이라는 이성복 시인의 말과도 통하는 전략이다. 프랭클은 '아픔 자신의 습관'을 바꿔 내면적 삶에 몰두함으로써 한계적 상황을 살아낼 수 있었을 것이다.

암 환자이기도 했던 작가 수전 손택은 고통의 원인인

질병에 불필요하게 따라붙는 은유의 구조를 문제 삼는다.[34] 고대로부터 천형으로 여겨졌던 한센병, 고도의 지적 감수성과 연결되었던 결핵, 부당하게도 동성애에 대한 도덕적 비난의 도구가 된 에이즈 등은, 질병 자체보다는 은유를 통해 확대된 심리 사회적 맥락이 고통의 원인이었던 사례들이라는 것이다. 그녀는 은유가 제거된 순수한 질병을 앓아야 한다고 말한다. 프랭클이 의미의 창조를 말한다면 손택은 의미의 외연을 줄여 단순화할 것을 제안한다. 프랭클이 주어진 현실에 대한 대안적 해석에 집중한다면 손택은 해석을 거부하고 질병 그 자체에 집중하라고 한다.

하지만 희귀하고 치명적인 혈액질환을 앓아낸 환자이고 의사이며 문학평론가이기도 한 데이비드 비로는 질병과 고통에 수반하는 은유의 구조를 더 적극적으로 해석하여 고통이 발생하는 생물—문화적 구조를 밝힌다. 그의 작업은 고통이라는 경험의 형식과 내용이 이미 은유의 구조로 짜여있다는 전제에서 출발한다. 따라서 은유에서 벗어나는 것이 아니라 오히려 그것을 적극 활용해 경험의 구조를 바꿀 수 있다는 것이다. 프랭클의 전략이 '뜻 찾기'라면 비로의 그것은 '말 찾기'이다. 뜻과 말은 몸과 마음과 공동체를 잇는 보이지 않는 끈이다. 결국 고통에 대응하는 두 사람의 전략은 모두 '잇기'였다고도 볼 수 있다. 프랭클의 '뜻'은 몸과 마음을 이어주었고 비로의 '말'은 사람과 사람을 이어 뜻의 공동체를 만드는 매개이다.

역시 스스로 암과 심장마비를 경험한 사회학자 아서 프랭크는, 고통에 시달리는 환자들은 뜻과 말을 찾는 것에 머물지 않고 적극적으로 삶의 이야기를 만들어 간다고 주장한다. 그가 쓴 책의 원제목 『상처 입은 이야기꾼 (Wounded Storyteller)』[35]은 고통에 시달리는 환자의 실존을 가장 간결하게 표현한 말이다. 그 책은 우리나라에서 『몸의 증언』으로 번역되었는데 이 말 역시 이야기의 주체가 추상적 자아가 아닌 구체적 몸이라는 중요한 메시지를 담고 있다. "아픈 사람은 질병을 이야기로 만듦으로써 운명을 경험으로 전환시킨다. 자신의 몸을 타인들로부터 분리시키는 질환이 이야기 속에서는 서로 공유하는 취약함을 통해 육체들을 연결시키는 공통 분모가 된다."[36] 결국 상처 입은 환자는 이야기를 통해 몸과 자아의 관계를 재형성할 뿐 아니라 취약성이라는 공통 분모를 통해 다른 사람(몸)과 이어질 수 있게 되는데, 그것이 고통 앓기의 유일한 길이라는 것이다.

대부분의 환자는 뜻과 말과 이야기를 통해 고통을 앓

는다. 고통을 앓으면서 몸과 마음과 사람은 새로운 공동체를 형성한다. 결국 고통에서 벗어나는 유일한 길은 소통에 있다는 말이다. 4백 년 전에 출판된『동의보감』에 이미 이런 통찰이 담겨있었다는 사실은 신선한 충격이다. 통하면 아프지 않고 통하지 못하면 아플 것이다! [通卽不痛 不通卽痛]

5

자기 배려,
더 큰 "나" 되기

가.

자기, 계발 또는 배려

"어쩌면 누군가를 사랑하는 것보다 더 어려운 게 나 자신을
사랑하는 거야. […] 내 숨, 내 걸어온 길, 전부로 답해. 어제
의 나 오늘의 나 내일의 나. 빠짐없이 남김없이 모두 다 나."

한국에서 나고 자란 세계적 팝 스타 BTS가 만들고 부
른 〈Answer : Love Myself〉의 가사 일부다. 아름다운 음
악이지만, 노랫말 속에는 자신을 사랑하지조차 못하는
슬픈 현실을 벗어나 스스로 주인이 되자는 희망의 메시
지가 담겨 있다. 단순한 감정의 소비가 아니라 삶을 향한
적극적 의지와 실천이 담긴 미래를 노래한다. 그들의 음
악에 온 세계 젊은이들이 그렇게도 열광하는 이유 중 하
나일 것이다. 그들은 음악이라는 아름다운 형식 속에 화
려한 겉모습에 가려져 있던 삶의 속 모습을 담아 공감을
끌어낸다.

우리는 음악을 통해 깊은 정서를 공감하지만, 어째서 스스로 사랑할 수 없게 되었고 어떻게 자기 사랑을 되찾을지에 대한 성찰은 사회과학자나 철학자가 더 잘할 수 있는 일이다. 3장에서 이미 논의한 바 있지만, 독일에 거주하는 한국인 철학자 한병철은 『피로사회』에서 우리가 자신을 사랑하지 못하고 만성 피로에 시달리는 것은, 나의 것이 아닌 가치를 위해 나를 수단으로 삼는 "자기 닦달" 때문이라고 한다.[37] 우리는 좋은 대학에 가기 위해 높은 수능 점수를 받아야 하고, 취업을 위해 성적과 스펙을 "관리"해야 한다. 학력과 경력은 내가 살아온 삶의 질적 흔적이기보다는 내가 다른 사람과의 경쟁에서 이기고 진 승리와 패배의 양적 지표다. 내가 나를 사랑하지 못하는 것은, 나의 껍데기에 불과한 지표들로 남과 나를 평가─구분하고 그 지표를 위해 나 자신을 닦달하게 만드는 사회 구조 그리고 그 가치를 내면화한 나 자신의 문제다.

기적적인 경제성장으로 세계 10위의 경제 대국이 된 우리지만 주관적으로 느끼는 행복의 지표는 무척 낮은 편이다. 2021년 5월 한국개발연구원(KDI)이 발표한 자료에 따르면, 우리의 연간 근로 시간은 1,967시간으로 경제협력개발기구(OECD) 평균보다 241시간이나 길었고 국가행복지수는 10점 만점에 5.85점으로 전체 조사 대상 149

개국 중에서도 62위에 불과했다. 노인빈곤율은 43.4%로 OECD 평균(14.8%)을 크게 앞질렀다. 노동시간이 길고 미래가 불안하니 현재를 즐기면서 창의적 활동에 몰입하기가 더 어려워지고, 자신을 돌보기보다는 더 닦달해서 성과를 쥐어짤 수밖에 없는 구조다.

미래가 불안하면 안정을 추구하기 마련이다. 취업난에 시달리는 젊은이들은 의사, 변호사 등 고소득 전문직이나 공무원 등 안정적인 직업을 선호한다. 하지만 그러려면 엄청난 경쟁을 통과해야만 한다. 전국의 모든 의과대학은 서울대의 어떤 전공학과보다도 입학하기가 어려워졌고, 법률 전문가가 되려면 학부를 졸업하고도 비싼 등록금을 지불하고 전문대학원에 가야 한다. 그런 경쟁에서 이겼다고 행복이 보장되는 건 더더욱 아니다. 3장에서 보았듯이 의사들의 행복도는 일반인보다 훨씬 낮은 것이 현실이다. 좋은 성적으로 의과대학에 입학한 학생들도 엄청난 공부의 양과 치열한 경쟁에 지쳐 자신을 스스로 돌보지 못한다. 자신의 문제를 자각하고 그 원인과 해결책을 적극 찾아 나서는 학생이라면 자신이 속한 더 넓은 세상을 알게 되어 문제 자체를 해소하거나 해결할 가능성이 크다. 하지만 문제 자체를 자각하지 못한 채 적응에만 매달리다 보면 경쟁이 모든 문제의 열쇠라는 신화 속에 묻혀 문제의 본질을 놓치게 된다. 이렇게 숫자로 표시된 성적과 석차만이 유일한 공정의 지표가 되고 점수를 높여 남을 이기는 것이 공부의 지상 목표가 되어버린다. 이렇게 자기 자신이 아닌 성적을 돌보는 데 익숙한 사람들이 의사가 되어 다른 사람을 돌봐야 하는 것이 우리의 현실이다. 지식과 스펙으로 나를 가득 채우는 자기 계발이 아닌, 세상의 지혜와 관계를 내면화해 내 속의 나를 키우고 바꾸는 자기 배려가 절실하다.

내 속의 나를 키우고 바꾸기 위해서는 내가 어떤 세상 속에 있는지를 먼저 알아야 하며, 나를 나이게끔 하는 생각과 존재의 구조 또한 알아야 한다. 위에서는 경쟁으로 찌든 현실 속에서 쪼그라드는 나를 말했는데, 지금부터는 역사 속에서 '나'라는 존재를 구성하는 생각과 존재의 구조가 어떻게 변해왔는지 말해보자. 지금의 나는 조상들의 삶의 경험이 축적된 바탕 위에서 나를 실천한 결과이다. 따라서 지금의 나를 알기 위해서는 먼저 조상들이 살아온 삶의 바탕과 실천의 구조와 내용을 알아야 한다.

지금 우리가 자기 배려를 말하면 마치 나의 욕망을 억제하여 더 높은 이상을 실현한다거나 나보다 타인을 먼저 배려하는 규범에 반대하여 자기만을 위한 삶을 사는 것으로 생각하기가 쉽다. 지금 우리가 살고 있는 세상은 이기적 개인들의 이기적 행위들이 모여 질서가 만들어진다는 "보이지 않는 손"의 신화가 지배하는 자본주의 세상이기 때문이다. 하지만 수천 년에 이르는 인류의 역사와 문화를 통틀어 볼 때 지금처럼 자기를 한 사람의 몸과 마음으로 제한한 기간은 불과 수백 년에 지나지 않는다.

'나' 또는 '자기'에 관한 최초의 명시적 언급은 고대 그리스의 델피 신전에 새겨져 있었다는 "너 자신을 알라"는 문구로 알려져 있다. 하지만 미셸 푸코의 『주체의 해석학』에 따르면, 이 말의 본뜻은 우리가 흔히 생각하는 자기반성이나 자기 인식과는 거리가 먼 것이었다. 이 말은 신탁에 의뢰할 때 질문의 수를 줄이고 자신이 알고 싶은 바에 대해 스스로 주의를 기울여야 한다는, 말하자면 신탁 사용 지침서 같은 것이었다는 말이다. 소크라테스가 이 말을 인용했을 때는 재물이나 명예나 지위보다는 이성과 진리와 영혼을 부단히 훌륭하게 만드는 일에 매진한다는 의미의 자기 배려가 된다. 어떤 경우든 "너 자신을 알라"가 남들이 평가하는 나의 정체성을 의미하지는 않는다. 너 자신을 알라는 말은 자기 배려라는 일반 범주의 한 형식이었다. 여기서 "자기 배려는 인간의 신체 내에 이식되어야 하고 인간의 실존 내에 박혀야 하는 침이고 또한 동요, 운동의 원리이고 생애 내내 항구적으로 있어야 하는 배려의 원리"[38]다. 고대 그리스인에게 자기 배려는 이기적 욕망 추구나 심리적 위로가 아닌 삶의 의미와 가치를 드높이는 철학적 실천이고 몸속에 체질화한 삶의 원리였으며 자기 자신과 타인 그리고 세계에 대한 태도였다.

이렇게 오랜 자기 배려의 전통은 17세기에 이르면서 자기를 객관화하여 바라보는 자기 인식으로 변질된다. "나는 생각한다. 고로 존재한다."라는 데카르트의 명제는 배려의 주체이자 대상이었던 '나'를 몸의 주인인 마음으로 바꾸어 놓았다. 이로써 삶에 대한 앎의 지배가 시작된다. 생각하는 나는 모든 앎의 주체이고 존재의 근거이며, 생각이라는 알맹이가 담긴 몸은 존재의 껍데기이며 인식과 분석의 대상에 지나지 않는 것이 된다. 여기서 나는 피와 살로 살아가는 몸이 아니라 그 속을 떠도는 마음이고 생각이며 관념이다. 이렇게 몸과 마음이 분리되자 대상화된 몸에 관한 과학적 탐구가 활성화된다. 그 몸을 분해하여 구조를 밝히는 해부학과 기계와 다를 바 없는 몸의 기능을 탐구하는 생리학이 발달하여 찬란한 현대의학의 토대가 된다. 이후 마음은 종교와 철학과 심리학의 관할 영역이 되고, 몸은 생명과학이 파헤치고 분석해야 할 객관적 대상이 된다. 몸과 마음, 주관과 객관, 종교와 과학이 분리되자 자기 배려라는 고대로부터의 지혜는 빛을 잃게 된다. 자기(나)가 몸속의 유령인 마음으로 축소되기 때문이다. 자기 배려 즉 알고 살고 돌보는 것이 하나인 몸—마음의 실천은 몸에 대한 과학적 지식과 마음이 주체인 도덕 또는 종교적 실천으로 분리된다. 몸에 의해 오염되지 않은 마음은 치우침 없는 합리적 이성으로 격상되었지만, 피와 살로 살아가는 일상으로부터는 유리되었다.

나.

이기적 자기에서 공감의 우리로

데카르트(1596~1650)의 심신이원론이 주객이 분리되지 않는 자기 '배려'를 대상화된 자기의 '인식'으로 축소했다면, 산업혁명과 자본주의의 확산은 '자기'의 개념 자체를 크게 변화시켰다. 배려의 주체이자 대상이던 자기가 생존의 방편 혹은 산업 생산과 자본 증식의 수단이 되기 때문이다. 모든 개인은 이기적으로 자신의 욕망과 이익을 추구하는 존재로 전제된다. 개인의 이기적 욕망은 질서를 파괴하기는커녕 오히려 '보이지 않는 손'의 작용을 통해 사회의 합리적 질서를 만드는 동력으로 여겨진다. 자기는 총체적 배려의 대상이 아니라 이기적 욕망의 충족 체계로 축소된다.

하지만 경제학자 김근배 교수의 『애덤 스미스의 따뜻한 손』에 따르면, '보이지 않는 손'을 자본주의 질서의 동력으로 제시했다고 알려진 애덤 스미스(1723~1790)조차도

이기주의가 유일한 인간 본성이라고 주장하지는 않았
다.[39] 오히려 독점으로 유지되는 중상주의를 비판하기 위
한 일종의 반어법으로 이 말을 사용했다는 것이다. '보이
지 않는 손'의 출처로 알려진 『국부론』에는 이 말이 단 한
번 언급될 뿐이며 그가 더욱 정성을 들였다는 『도덕감정
론』에서는 자연의 법칙보다는 신의 섭리라는 뜻으로 사
용된다고 한다. 이것을 신고전경제학이 자유방임주의
와 시장만능주의를 옹호하는 논리로 왜곡했고 신자유주
의자들이 무한경쟁과 복지 축소의 명분으로 활용했다는
것이다. 스미스는 자기 이익(self-interest)의 추구와 이기적
(selfish) 행위를 구분해 전자는 사회 발전의 동력으로 후자
는 해로운 탐욕으로 해석하지만, 신고전주의 경제학자들
은 이 둘을 모두 '이기적'으로 해석해 버린 것이다. 지금
우리가 자기 배려를 자기 이익 추구로 더 나아가 이기적
본성의 실현으로 여기는 잘못된 상식이 여기서 비롯된
것이다.

애덤 스미스의 보이지 않는 손은 이기적 욕망이 가득
한 탐욕의 손이 아니라 경제적 약자와 나의 이익을 함께
배려하는 정의와 공감의 따뜻한 손이다. 여기서 자기 이
익과 공동체의 이익은 분리되지 않는다. 진정한 자기 배
려는 공동체를 배려하는 데서 온다. 하지만 스미스 이후

의 역사는 탐욕과 이기주의가 승리하는 방향으로 흘러갔다. 서구의 자본주의 열강은 아시아와 아프리카를 침탈해 식민지를 건설했고 노동자의 비참한 생활 조건에 아랑곳하지 않고 자본을 축적했다. 그들은 노동자와 식민지의 희생으로 이룩한 부를 바탕으로 세계를 지배했다.

찰스 다윈(1809~1882)의 진화론은 이런 흐름을 타고 세계 여러 곳을 여행하면서 관찰한 자연현상을 바탕으로 세워진 이론이다. 자연은 다양한 변종을 생산한 다음 주어진 환경에 적응한 개체만 살아남고 나머지는 도태되는 방식으로 진화한다는 자연선택의 논리다. 약자를 지배함으로써 이익을 얻는 자본가와 제국주의자들로서는 자신들의 행태를 정당화하기에 아주 좋은 이론이었다. 그래서 자연현상에 적용되는 자연선택의 원리를 그대로 인간 사회에 적용한 사회진화론이 나왔다. 자연에서와 마찬가지로 역사에서도 약육강식과 적자생존의 원리가 그대로 적용되니 경쟁을 약화시키는 사회복지 정책은 해롭다는 것이다.

다윈보다 33살 어린 러시아의 왕족이며 혁명가이며 생물학자인 표트르 크로폿킨(1842~1921) 역시 자연현상을 자세히 관찰했지만, 전혀 다른 결론에 도달했다. 그는 경쟁 대신 상호부조를 자연의 더 본질적인 성격으로 보았다.

그는 "협동은 태곳적부터 내려오는 동물적 전통으로서, 다른 동물들과 마찬가지로 인간에게도 부여되었다"[40]고 주장했다. 경쟁에서 이겨 상대를 절멸시키고 생존한 개체나 종이 아니라 상호부조의 습성을 배운 개체와 종이야말로 최적자(the fittest)라는 것이다.

다윈은 자본주의의 종주국이자 가장 넓은 식민지를 경영한 영국의 시민이며, 크로폿킨은 왕족이지만 사회주의 혁명에 헌신하여 투옥도 되고 탈옥을 감행하기도 한 러시아인이다. 서로 다른 이념을 통해 바라본 자연의 모습은 이렇게 달랐다. 모든 것이 경쟁으로 구성된 세상에서는 경쟁에서 이겨야만 자기를 배려할 수 있지만, 서로 돕는 세상에서는 타인을 배려하는 것이 동시에 자기를 배려하는 것이기도 하기 때문이다.

인간과 사회를 이기적 본성에 의해 지배되는 경쟁을 중심으로 볼 것인지 다양성과 협동과 창의성 등의 요소들을 모두 고려하는 복잡계로 볼 것인지의 논쟁은 20세기 들어서도 계속되었다. 1953년 유전의 청사진으로 여겨지던 DNA의 이중 나선 구조가 밝혀지자 유전자 단위에서의 자연선택으로 진화를 설명하는 이론이 인기를 끌었다. 리처드 도킨스의 『이기적 유전자』가 그것이다.[41] 이 이론에 따르면 자기 복제를 극대화하려는 유전자의 이기적 지향성이 인간을 포함한 모든 생명체의 행동과 형질을 결정한다. 인간만이 유전자의 독재에 저항할 수 있는 유일한 생명이라는 단서를 붙이기는 했지만, 인간을 기본적으로 유전자의 조정을 받는 존재로 본다는 점에서 무척 충격적인 주장이다. 유전자를 이기적 본성을 가지는 존재로 가정하면 개체 생명의 형질과 행동 등 많은 생명현상을 설명할 수 있다는 일종의 은유였지만, 많은 사람들은 모든 생명이 본질적으로 이기적일 수밖에 없다는 주장으로 받아들였다.『통섭(統攝)』으로 대변되는 에드워드 윌슨의 사회생물학은 이 이론을 인간과 사회 현상에 확대 적용한 것이다.[42]

이기적 유전자와 통섭은 우리나라에서도 큰 인기를 끌었지만, 생물학적 사실, 그것도 유전자라는 구조의 기능만으로 인간과 사회를 설명하는 극단적 환원론이라는 비판도 거세었다. 이기적이라는 가치 명제를 생명현상이라는 사실 명제와 뒤섞어 윤리적 판단을 흐리게 했다는 비판도 피하기 어려웠다. 생물학 안에서도 자연선택의 결과를 중심으로 생명을 이기적 존재로 규정하기보다는 시스템 전체의 변이라는 시각을 통해 설명할 수 있다는 주장이 제기되어 격렬한 논쟁을 불러일으키기도 했다. 스티븐 제이 굴드의 『풀 하우스: 진화는 진보가 아니라 다양성의 증가다』가 대표적이다.[43] 전자는 개체들 사이의 경쟁을 후자는 시스템 전체의 진화를 강조한다. 전자는 개인주의를 후자는 공동체주의를 지향한다.

　인간유전체연구사업(Human Genome Project)이 완성되고 유전자 이외의 요소가 유전에 관여한다는 사실(후성유전학)이 알려지면서 유전자가 모든 형질의 청사진이라는 유전자 결정론이 무너졌고 이 이론의 설명력은 많이 약해졌다. 이빨과 발톱으로 상징되는 약육강식이 지배하는 냉혹한 자연의 이미지도, 진정한 공감을 통해 공동체를 유지하는 동물들의 행동이 관찰되고 실험실 연구를 통해 재현됨에 따라 많이 약해졌다. 20세기 말에는 동물과 인간의 뇌에서 거울 뉴런이라는 구조가 발견되었다. 이로써 동물과 인간의 개체는 다른 개체의 감정과 행동을 시뮬레이션하여 약한 강도로나마 관찰 대상인 개체의 상황과 감정을 직접 느낀다는 사실이 알려졌다. 이는 몸 현상과 마음 현상은 전혀 다른 영역의 일이며 다른 개체에 대한 이해는 마음인 이성이 객관적인 정보를 분석하고 추론하는 가운데 이루어진다는 이전의 논리 즉 '마음 이론'을 무력화시키는 것이었다.

생명의 본성은 이기적이거나 이타적으로 고정된 것이 아니라 양육 환경에 따라 달라진다는 '양육을 통한 본성'이 정설로 되어가고 있기도 하다. 이로써 우리는 생물학적 존재지만 동시에 문화적 존재이기도 하다는 사실이 모순 없이 설명된다. 『이타적 유전자』라는 제목으로 번역된 매트 리들리의 책은 원래 제목이 『양육을 통한 본성(Nature via Nurture)』[44]이다. 이타적 유전자라는 번역은 이기적 유전자를 의식한 의도적 용어 선택이었겠지만, 이기와 이타의 이분법을 극복하려는 원저자의 의도와는 어긋나는 번역이기도 하다. 유전자는 이기적이지도 이타적이지도 않다. 다만 본성과 양육의 관계가 축약된 존재일 뿐이다. 유전자 결정론의 붕괴와 후성유전학의 발전, 거울 뉴런의 발견, 양육을 통한 본성이라는 논리는 모두 나와 너, 몸과 마음, 본성과 양육, 이기와 이타의 이분법을 거부한다.

하지만 서양의 지성사는 플라톤 이후 불변의 이데아와 가변적 현상을 분리한 바탕 위에 세워진 것이다. 영(靈)과 육(肉)을 구분하고 인간을 원죄를 저지른 죄인으로 규정하는 기독교 사상과 몸과 마음을 독립적 실체로 규정한 데카르트의 철학도 이원적 형이상학을 상식으로 만드는 데 기여했다. 이에 따라 알기, 살기, 돌보기를 포괄하던 소크라테스 이전 시기의 자기 배려는 자기 인식이라는 앎의 영역으로 축소되었다. 자기의 실존 전체를 보살피던 자기 배려가 자기 속의 유용한 능력을 키우는 자기 계발로 축소된 철학적 이유가 여기에 있다.

인간 본성에 관한 부정적 인식과 인간과 사회의 현상을 과학에서 추론된 원리로 환원하여 설명하려는 이기적 유전자와 사회생물학의 논리도 크게 보면 이런 형이상학적 이원론에 바탕을 둔 것이다. 위에서 본 것처럼 21세기의 생물학은 이러한 기계적 환원의 한계를 극복하는 방향으로 흐르고 있다. 하지만 이러한 새로운 흐름도 그 흐름에 부합하는 사유의 틀 속에 넣지 않으면 결국 이전의 개념으로 환원되어 버릴 것이다. 지금부터는 환원적이지 않은 과학의 성과들을 담을 수 있는 존재의 구조를 동아시아 특히 한국의 사유 전통에서 찾아보고자 한다.

다.

동아시아 전통의 자기와 배려:
수기안인(修己安人)과 우환의식(憂患意識)

　동아시아 전통에서는 대체로 자유의지를 가지는 독립적 주체라는 자기(自己, self)의 개념과 의식이 뚜렷하지 않다. 오(吾), 아(我), 기(己), 신(身) 등이 비슷한 뜻을 가지지만 그 글자들의 용례를 보면 어떤 것도 스스로 독립적으로 판단하고 결정하는 사유와 행위의 주체는 아니다. 동아시아의 '나'는 대개 다른 사람(人) 또는 사물(物)과의 관계를 통해 드러난다. 나(我)는 사물(物)과 섞여 하나가 되기도 하고(物我一體), 나의 상태(己)를 남(人)에게로 투사하는 척도이기도 하다(推己及人). 나는 몸과 구분되기도 하고 그렇지 않기도 한다. 기(己)의 훈은 '몸'이지만 '나'의 뜻도 가지며, 신(身)은 '몸'이지만 '나'이기도 하다. 나를 닦아 남을 편안하게 하고(修己安人), 나의 몸을 잘 닦아야 가정과 나라와 천하를 편안케 할 수 있다(修身齊家治國平天下). 물론 남 또는 순수한 나와 구분되는 나이기도 하다. 지피지기(知彼知己)의 나(己)는 상대방(彼)과 구분되는 '나'이고 극기복례(克己復禮)의 나는 물리쳐야 할 욕망이나 삿된 마음의 '나'다. 하지만 여기서도 나는 독립된 주체로서의 '나'가 아니라 언제나 다른 사람[彼] 또는 사회적 규범[禮]과의 관계를 통해서만 말할 수 있는 '나'다. 서양의 나는 대체로 신 앞에 선 단독자지만 동아시아의 나는 대체로 도덕적 몸[修身]과 돌보아야 할 가족[齊家]과 다스려야 할 나라[治國]와 편안케 해야 할 세상[平天下]과의 관계 속의 나다. 따라서 몸을 가진 단독자로서의 나를 전제로 하는 자기 배려는 성립하지 않는다.

물론 천하를 이롭게 하겠다는 명분을 내세워 다른 사람의 삶에 간섭하고 개입하려는 사상을 비판하며, 자기만을 위해 살아야 한다고 주장한 양주(楊朱·BC440~360?)의 위아설(爲我說)도 있다. 그는 "천하를 위한다는 명분으로는 자기 털 한 올조차 뽑지 않고, 천하를 이롭게 하겠다는 망상을 버린다면 천하는 저절로 다스려질 것"[45]이라고 했다. 그는 천하를 이롭게 하겠다는 거창한 생각을 버리고 오로지 자기의 삶만을 가꾸며 살아가는 자유인들의 공동체를 꿈꿨다. 애덤 스미스의 '보이지 않는 손'을 연상케 하는 주장이다.

애덤 스미스의 보이지 않는 손은 자유로운 개인들의

무한경쟁 속에서 최대의 이익을 얻는 자본에 의해 악용되었고, 양주의 위아설은 지배 이념이 된 유가 사상에 의해 철저히 배척되었다. 우리는 이와 같은 악용과 배척의 중용을 취해 자기 배려의 규범으로 삼을 수 있을 것이다. 보이지 않는 손의 따뜻함을 중히 여기고 명분에 치여 버려지는 개별 생명의 귀중함을 되살리는 노력을 통해, 나를 위한 배려가 동시에 우리의 삶을 풍부하게 하는 세상을 만들 수 있다는 것이다.

서양에서는 대체로 인간의 본성을 이기적이거나 악한 것으로 여겼다. 유대-기독교 전통에서 인간은 원죄를 저지른 죄인이며, 자본주의는 이기적 개인의 욕망을 원동력으로 돌아가는 시스템이다. 사회생물학은 이기적 속성을 생명의 본성으로 여겨 그 원리를 인간과 사회에 확대 적용하려는 이론 체계다. 위에서 살펴본 것처럼 21세기 들어 그런 주장들의 논리는 많이 약해졌다. 이기적 욕망뿐 아니라 다른 개체의 상태를 내 속에 담아 함께 하는 공감의 생물학적 증거가 축적되었고, 선천적으로 결정된 본성이 아닌 양육을 통한 본성이라는 유연한 설명이 가능해졌다. 그러나 자연선택의 최소 단위인 유전자나 개체의 기본적 속성이 이기적이라는 전제는 여전히 유효하다. 우리 대부분이 자기 배려를 이기적 욕망을 충족시키는 것으로 오해하는 이유도 여기에 있다.

반대로 동아시아 전통에서는 대체로 인간의 본성을 선(善)으로 본다. 흔히들 맹자의 성선설과 순자의 성악설이 서로 반대되는 주장인 것처럼 알고 있지만, 동아시아 전통에서는 어떤 경우에도 순수한 악(惡)은 없다. 순자의 성악설을 다윈의 자연선택과 비교 연구한 김병환 교수에 따르면, 순자의 성악은 "인간의 본성 자체보다 본성이 방치되었을 때 야기되는 사회적 혼란 상태를 악으로 간주하는 결과적 악 혹은 사회적 악"[46]이다. 악은 타고나는 본성이나 객관적으로 존재하는 실재가 아니라 '미워하거나 싫어할 만한 것'이다. 노자의 『도덕경』에서도 선(善)의 상대어는 악(惡)이 아닌 불선(不善)이며 악(惡)의 반대말은 선이 아닌 미(美)다. 아름다움과 추함(美醜)이 상대적 가치판단인 것처럼 선과 불선도 그렇다. 순자 당시의 문헌에서 악(惡)이 불변하는 본질적 악함의 뜻으로 쓰인 예는 없고, 따라서 순자의 성악(性惡)은 '인간의 본성은 추하다.' 정도로 번역해야 한다.

도가 전통에서 자연 그 자체는 인자하지 않다(天地不仁). 하지만 한국 전통문화의 바탕이라고 할 수 있는 유가 전통에서 그 자연을 살아가는 사람은 나면서부터 이미 선하거나[맹자의 性已善論], 선한 것을 좋아하고 추하고 악한 것을 싫어하는[동중서의 善善惡惡之性] 본성을 타고 난다. 이 밖에도 선과 악이 섞여 있다거나, 성(性)과 정(情)을 나눠 선악을 배당한다거나, 타고난 본성에 등급을 매긴다거나, 순자처럼 추한 본성을 타고나지만 갈고닦아 선을 추구한다는 등의 다양한 주장이 있었지만, 유학의 큰 흐름을 지배하는 것은 역시 성선(性善)의 전통이다. 따라서 악의 응징이 아닌 선의 확충이 도덕과 사회생활의 기본 방향이 된다.

동아시아 전통에서는 서구적 의미의 자기가 없고 선과 악, 이기와 이타의 구분이 뚜렷하지 않으므로 자기 배려라는 말 자체가 성립하기 어렵다. 동아시아 전통에 충실할 경우 서양의 자기 배려에 가까운 것은 차라리 자기 자신을 갈고 닦아 남을 편안케 하는 수기안인(修己安人)이다. 나를 닦고 모두를 편안케 하려면 미래를 내다보는 안목과 위험을 미리 막으려는 마음가짐[憂患意識]이 필요하다. 나와 남의 구분이 모호하므로 배려의 대상을 나로 한정하기가 어렵고 따라서 개인이 아닌 공동체 중심의 사유가 발달할 수밖에 없었을 것이다.

라.

자기의 동심원과 배려의 공동체 : 더 큰 나 되기

　외세의 침탈이 극심해지고 국운이 기울어 가던 19세기 중후반 조선에서는 수많은 선각자가 나타나 새로운 세상에 대한 사상을 전개했다. 조선 5백 년을 지배한 성리학은 현실에 적응할 유연성을 잃었고 서양에서 들어온 천주교 서학은 많은 신도를 확보했지만 초월적 존재에 대한 숭배에 치우쳐 자기 수양의 전통적 가치와 충돌했다. 수운(水雲) 최제우(1824~1864)가 동양 고전에 관한 오랜 공부와 자기 수양, 10년 이상의 유랑, 그리고 서학에 대한 비판과 종교 체험을 통해 창시한 동학(東學)은 전통과 시대 상황을 아우르면서도 우리의 독특한 정서인 '신냄'을 가미한 창조적 사상이다. 김상일 교수의『동학과 신서학』에 따르면, '신내림'은 수동적으로 기복을 구하는 무(巫)의 특징이고 '신냄'은 인간에게 내재한 신성의 완전한 실현을 기대하는 선(仙)의 특징이다. 동학은 무(巫)보다는 선(仙)에 가깝다. [47]

우리의 주제인 자기 배려와 관련하여 흥미로운 것은 전통 성리학의 명분 속에 가려져 있던 자기(我)의식이 동학에서 부활하고 있다는 것이다. 물론 동학의 나는 고립된 개인이 아니고 내가 모시고 있는(侍天主) 하늘과 하나인 나(人乃天)다. 하늘은 숭배의 대상이 아니라 인간과 정을 나누는 친근한 존재다. 동학에 입문하는 동덕(同德)들이 암송하는 초학주문 21자에는 자기의 감정을 돌보라는 고아정(顧我情) 세 글자가 포함되어 있다. 객관적 타자로서의 하늘을 섬길(爲天主) 뿐 아니라 주관적 자기 또한 돌보라는 것이다.

이러한 자기 배려의 사상은 2대 교주 해월(海月) 최시형(1827~1898)에 이르면 벽을 향해 제사상을 차리는 향벽설위(向壁設位)를 버리고 제사를 지내는 나 자신을 향해 상을 차리는 향아설위(向我設位)로 공식화된다. 나는 섬김의 주체이면서 대상이기도 한 하늘이며 사람이다. 지금까지 논의한 것 중 가장 지극한 경지의 자기 배려다.

하지만 아무리 그 사상이 지극하더라도 그것이 몸속에 스며들고 자연스러운 나의 욕망과 의지가 되어 실천할 수 있는 경지에 이르지 못한다면 탁상공론에 그치고 말 것이다. 자기 배려의 자연스러운 실천을 위해서는 위에서 논의한 문화적 발달 과정을 자기와 배려의 생물학적 기원과 진화에 비춰 보아야 한다. 서양에서 발달한 과학과 동아시아 전통의 문화를 조화시켜 우리만의 규범을 창조하는 것이다.

조선 5백 년의 이데올로기였으며 아직도 알게 모르게 우리의 의식을 지배하고 있는 성리학은 부모 형제와 일가친척을 중심으로 하는 경로효친(敬老孝親)의 윤리를 국가사회에 확대 적용한 사상이다. 우리가 어떤 혈연관계도 없는 사람을 아버님, 어머님, 이모, 삼촌, 오빠, 형 등으로 부르는데 전혀 어색함을 느끼지 못하는 것도 그래서 일 것이다. 생명의 진화를 추동하는 자연선택의 원리로 인간과 사회의 현상들을 설명하는 사회생물학은 유전적 친소 관계에 따른 배려의 강도 차이를 당연시하는 생물학 사상이다. 성리학과 사회생물학은 전혀 다른 역사와 학문적 배경 속에서 발달했지만, 혈연관계의 멀고 가까움을 중시한다는 공통점을 가진다. 물론 성리학에서의 나와 남은 언제나 인륜(人倫) 관계 속에서만 존재하는 반면 사회생물학의 자기와 타인은 유전적 정체성과 유사성으로만 규정된다는 차이는 있다.

사회생물학은 자기를 중심에 두고 자기와 유전 정보를 절반 공유하는 부모와 자식, 1/4 공유하는 손주와 조카

등으로 구성된 동심원을 그려 유전적 공통성이 약해질수록 배려의 강도가 약해진다고 설명한다. 성리학은 이처럼 혈연관계를 수학적 관계로 환원하지는 않지만, 혈연적 친소 관계에 따른 윤리적 충성도의 차별적 관계를 당연시한다. 어떤 경우든 타인과 명확히 구분되며 절대적 자유를 가지는 원자적 자기는 없다. 이 두 사상을 종합하면, 자기는 더 이상 쪼갤 수 없는(in-dividual) 원자적 '존재'가 아니라 친소 관계에 따라 무한히 확장되는 동심원 속에서 다양한 관계를 맺으며 변해 가는 '과정'으로 정의할 수 있다. 자기는 불변의 존재가 아닌 사회적 관계 맺음이며 가까운 친족부터 공동체와 생물권 전체로 확장하는 확산의 과정이다.

자기의 동심원은 중심에서 멀어질수록 그 강도가 약해지는 공감의 동심원이며 배려의 동심원이기도 하다. 생물학적 자기의 동심원은 그 경계가 확실한 기하학적 선들로 구성되지만, 공감과 배려의 동심원은 관계의 강도와 성격에 따라 다양한 무늬를 그리며 퍼져나간다. 생물학적 친소 관계와 사회문화적 관계 맺음이 상호작용을 일으키기 때문이다. 우리는, 외환위기가 닥쳤을 때 장롱 속에 감춰두었던 금을 모아 나랏빚을 갚기도 했고, 태안 앞바다에 기름이 유출되었을 때 수년간 기름 묻은 바위를 직접 닦아 원상태를 회복하기도 했다. 국정농단 사건 때는 수백만 명이 촛불을 들어 평화적 탄핵과 정권교체를 이루어냈으며, 코로나-19를 맞아서는 모두가 자발적으로 방역에 협조해 비교적 안정적으로 관리한 경험이 있다. 모두 우리가 공감과 배려 공동체의 일원임을 몸으로 알기 때문이다.

공감과 배려의 공동체는 나의 범위를 확장해 더 큰 '나'가 되게 한다. 그것은 이질적인 '나'들의 차이를 극복하고 그 차이를 내 속에서 소화해 더 큰 다른 '나'가 됨으로써만 가능하다. 우리는 수많은 역경 속에서도 오직 '새로운 나 되기'를 실천함으로써 오늘에 이른 민족이다. 불교에서는 종파와 이론의 대립을 더 높은 차원에서 통합하는 화쟁(和諍)을, 성리학에서는 이(理)와 기(氣)의 묘합(妙合)을, 그리고 동학에서는 하늘과 사람이 연결된 자기를 섬기는 지극한 자기 배려의 사상(侍天主)을 창조했다.

지금 세계인이 열광하는 한류의 열풍은 이렇게 자기의 범위를 넓히면서 배려의 공동체를 가꾸어 온 우리 문화에 세계인이 공감하기 때문일 것이다. 이렇게 "빠짐없이 남김없이 모두 다 나"[48]인 세상을 만들어 가는 것, "나와 너를 섞어 더 큰 '나' 되기"가 진정한 자기 배려 아닐까.

꼬리말

세월이 담긴 몸, 시간을 덜어내는 삶

대학을 졸업한 지도 40년이 넘었다. 그 세월은 하얗게 세어버린 머리카락에, 두꺼워진 돋보기에, 늘어가는 주름살과 검버섯에 고스란히 담겨 있다. 흰 머리카락과 주름살은 하루아침에 생긴 것이 아니어서 그 변화를 한꺼번에 느낄 수가 없지만, 나를 노약자 취급해 자리를 양보하려는 젊은이를 만났던 사건은 40년 세월의 무게가 한꺼번에 들이닥친 충격적 경험이었다. 내가 아는 나와 남이 보는 나의 모습이 이렇게 다르다니! 나는 내 몸과 마음속에 세월을 쌓아두지만, 나를 보는 사람들은 내 몸의 겉모습을 보고 흘러가 버린 세월을 계산하고 있었다. 쌓이는 세월과 흐르는 시간의 어긋남이다.

어쩌다 모교에 가면 벽면에 빼곡히 붙여놓은 졸업생들의 사진 속에서 나의 모습을 찾아보곤 한다. 그리고 그 사진을 찍었을 당시의 상황을 떠올린다. 당시에는 장발

168

이 유행이었지만 어지간히 부지런하거나 부유하지 않으면 샤워는 말할 것도 없고 매일 머리를 감는 것도 쉽지 않은 시절이었다. 며칠이나 감지 않아서 부스스한 긴 머리카락, 빌려 입어 몸에 맞지도 않는 넥타이와 정장 상의, 그리고 술에 절어 게슴츠레한 눈빛 속에서 군부독재 시절을 살고 있는 젊은 내가 늙어버린 나를 보고 웃는다.

그렇게 40년이란 세월을 사이에 두고 마주한 두 모습의 나는 무엇이 같고 얼마나 다를까? 당신이 기계적 생물학을 신봉하는 의사나 과학자라면, 두 모습의 나는 거의 또는 완전히 똑같은 DNA 염기서열을 가지고 있으므로 같은 사람이라고 말할 것이다. 당신이 스타들의 10년 전 사진을 보여주면서 세련된 지금과 우스꽝스러웠던 과거를 비교하며 깔깔대는 예능프로그램의 평범한 시청자라면, 유행과 패션이 사람을 완전히 바꾼다고 놀라워할 것이다. 하지만 당신이 나를 낳고 길러주신 그리고 변해가는 나를 꾸준히 지켜봐 주신 내 어머니라면, 그리고 어머니만큼은 아니지만 인생의 절반 이상을 나와 함께 살아와 누구보다도 나를 잘 아는 아내라면, 40년 세월 속에 쌓여있는 기억의 실타래를 찾아내 두 모습을 연결 짓는 그럴듯한 이야기를 꾸며낼 것이다. 과학자와 시청자의 시선이 생물학적 동일성을 근거로 차이를 찾는다면 어머

니와 아내는 당신들이 나와 맺어 온 관계의 흐름을 읽어 내려고 한다.

차이는 정지된 두 순간의 상태를 비교한 것이고, 흐름은 그 순간들이 이어져 만들어내는 더 큰 새로움이다. 그러니 시간을 가로, 세로, 깊이라는 삼차원 공간에 덧붙이는 또 하나의 물리적 차원 정도로 여기는 태도는 재미도 없을뿐더러, 세월을 그 속에 담으며 살아가는 우리 몸의 진짜 경험을 제대로 설명해 주지도 못한다. 40년 전과 지금의 나를 다르게 만든 것은 똑같은 속도의 균질한 시간의 흐름이 아니라 그 시간을 살아온 내 몸의 경험 그리고 삶의 흐름이다. 입학시험에 실패해 좌절했던 시간과 달콤한 연애 감정에 빠져있던 시간은 물리적으로는 길이가 같아도 질적으로는 전혀 같은 시간일 수 없다. 그렇게 다른 느낌과 그에 따른 몸의 변화가 만들어 온 조금씩 달라져 온 '나'의 흐름이 바로 삶이다.

하지만 우리는 그 흐름을 볼 수도 만질 수도 없다. 그래서 그것을 흐르는 물이나 날아가는 화살에 비유해 어떻게든 공간적으로 이해해 보려고 한다. 아이들에게 새로운 개념을 설명하려면 아이들이 잘 알고 있는 것에 빗대어 설명하는 것이 가장 좋은 교육법인 것과 같다. 이렇게 해서 강물과 화살이 시간과 세월의 속성을 가장 근사하게 대변해 주는 은유로 자리 잡게 된다. 그리고 급기야는 그것이 은유라는 사실조차 잊어버리고 시간을 공간적으로 존재하는 물리적 실체로까지 여기게 된다.

이렇게 되면 시간은 사라져 버리는 기회와 같은 것이고 그래서 '시간은 돈'이라는 금언이 탄생한다. 그러니 어떻게든 악착같이 그 시간과 기회(돈)를 붙잡아야 한다. 시간은 내 속에 녹아들어 나와 하나가 되는 것이 아니라 쟁취의 대상이다. 지나가 버리는 기회를 놓치지 않기 위해 전전긍긍하느라 오히려 자연스러운 성공과 건강을 잃는 경우도 적지 않다.

그래서 나는 시간과 세월을 흘러서 사라지는 것이 아니라 몸속에 쌓이는 것으로 생각하기 시작했다. 사라질 것에 대한 집착이 아닌 시간과의 하나 됨 속에서 익어가는 지혜와 통찰을 얻을 수 있을 것이기 때문이다. 사라지는 시간과 기회를 붙잡아 생명을 '소유'하려고만 하지 않고 쌓이는 세월과 지혜를 통해 인생을 '향유'하려는 목표를 세운다면 우리의 삶은 더욱 풍요롭고 아름다워질 것이라 믿는다. 이 믿음은 생명을 다루는 과학을 공부하면서 더 강해졌다.

19세기에 시작된 진화생물학은 인간을 포함한 모든 생명이 단 하나의 뿌리에서 갈라져 나와 각기 다른 방식으로 세월을 축적해 온 결과라는 놀라운 사실을 일깨워 준다. 생명은 자신과 아주 조금씩 다른 후손을 생산함으로써 변해 가는데, 진화란 그 작은 '다름'들 중에서 주어진 환경에 적합한 것이 살아남아 다시 그 다름을 간직한 많은 후손을 남기는 방식으로 변해 가는 과정이다. 그리고 그 같음과 다름을 만들어 내는 것이 모든 생명체가 가지고 있는 DNA라는 유전물질이다.

그런데 놀라운 것은 약 30억 개의 염기쌍으로 이루어진 유전정보 중에서 '다름'을 만들어내는 형질 발현에 관계하는 것으로 밝혀진 부분은 전체의 2%에 지나지 않는다는 사실이다. 과학자들은 그 기능이 알려지지 않은 98%에 '쓰레기 DNA'라는 모욕적인 이름을 붙여주었다. 그렇다면 왜 우리 몸은 모든 세포 속에 아무짝에도 쓸모가 없는 쓰레기를 잔뜩 쌓아놓고 있는 것일까? 과학은 아직 이 물음에 제대로 답하지 못한다. 그리고 지금은, 오히려 그것을 쓰레기로 부르는 사유의 양식이 문제라는 생각을 하는 사람이 많아졌다. 우리가 그 기능을 모른다고 쓰레기 취급을 한다는 건 자연에 대한 모독이라는 거다. 그래서 이 DNA들은 생명이 환경과 상호작용한 경험의 기록이라고 생각하는 과학자가 많아지고 있다. 이런 관점을 취하면 형질 발현에 관여하지 않는다고 알려진 98%의 DNA는 쓰레기가 아니라 생명의 역사가 기록된 귀중한 자료가 된다. 이 기록은 흘러가 버리는 시간의 관점에서 보면 쓰레기지만 몸속에 쌓이는 세월의 관점에서 보면 생명의 과거와 미래를 밝혀줄 정보의 보고인 셈이다.

DNA를 통한 설명이 잘 와닿지 않는다면 역사상 실제로 있었던 극적인 사건을 떠올리는 것도 좋다. 16세기에 스페인의 정복자 코르테스는 단 500명의 병력으로 수십만의 인구를 거느린 아즈텍 왕국을 정복한다. 상식적으로 잘 이해가 안 되는 이런 결과는 두 인구 집단이 어떤 세월을 몸속에 쌓아왔는지의 차이로 설명할 수 있다. 코르테스의 군대를 포함한 유럽인들은 수천 년 동안이나 서로 정복하고 교역하면서 수많은 전염병을 경험했고 그를 통해 많은 사람이 죽었다. 중세의 페스트는 유럽 인구의 1/4 이상을 죽음으로 몰아넣었을 정도다. 그러나 그 고난을 견디고 살아남은 사람들은 여러 가지 전염병에 대해 면역을 습득하게 되었다. 조상들이 경험한 고난이 후손들의 몸에는 약으로 작용한 셈이다.

하지만 아주 오랫동안 산악지대에 고립되어 살아왔고 교역이나 정복의 경험도 거의 없었던 아즈텍 사람들의 몸속에는 그런 혹독한 세월이 담겨 있지 않았다. 그 결과 스페인 병사에게는 대수롭지 않게 되어버린 천연두 바이러스가 이들에게는 치명적 독으로 작용했다. 스페인 사람들은 멀쩡한데 자신들만 죽어 나가자 종교적 신념도 무너졌고 싸울 의지도 잃어버렸다. 결과는 문명 전체의 몰락이었다. 아즈텍의 몰락은 결국 유럽과 아메리카 원주민이 자신들의 몸속에 쌓아온 세월의 차이가 만들어낸 역사 드라마였다고 할 수 있다.

DNA는 진화의 기록이고 면역 세포들은 몸의 생물학적 경험을 담고 있다. 그리고 내 몸 특히 얼굴은 내가 살아온 경험이 담긴 그릇이요 내 생애의 기록이다. 미국의 16대 대통령 링컨은 "나이 마흔이면 얼굴에 책임을 져야 한다"고 했다는데 허투루 들을 말은 아니다. 내 얼굴에는 살아오면서 지었던 표정, 몸짓, 감정의 흔적이 담겨 있을 수밖에 없는데 40년쯤 그런 표현을 하면서 살아왔다면 그 패턴이 얼굴에 남아있는 건 당연하기 때문이다. DNA와 면역계와 얼굴은 각각 진화와 생명의 경험 그리고 생애의 역사를 담고 있는 그릇이라고 할 수 있다.

우리는 그렇게 세월이 담긴 몸으로 세상을 살아간다. 세월은 내 속에 쌓이고 세월을 품은 나는 끊임없이 이 세상을 흘러간다. 흐르는 건 시간이 아니라 나 자신이다. 나는 세상을 흘러가면서 내 속에 쌓인 시간을 조금씩 덜어낸다. 그리하여 죽음의 순간에는 한평생 삶의 흔적을 품은 한 조각 느낌으로 피었다가 사라질 것이다.

미주

Collectio Humanitatis pro Sanatione I

1) 강신익 외 지음, 『미래 인문학 트랜드』「의료인문학-몸의 문제를 푸는 삶의 지도가 있을까」, 아날로그, 2016.
2) 강신익 외 지음, 『문학과 의학』(9권) 「고통의 인문학」, 문학의학학회, 2015.
3) Foucault, Michell, The Government of Self and Others. Lecture at the College de France 1982-1983, Trans. by Graham Burchell, New York: Picador, 2010.
4) 조르주 캉길렘, 『정상적인 것과 병리적인 것』, 여인석 옮김, 그린비, 2018.
5) Rudolf Virchow's famous statement. "Medicine is a social science, and politics nothing but medicine at a larger scale." (Mackenbach JP.,(2009) Politics is nothing but medicine at a larger scale: reflections on public health's biggest idea., J Epidemiol Community Health, Mar;63(3):181-4.)
6) Edmund D. Pellegrino "Medicine is the most humane of sciences, the most empiric of arts. and the most scientific of humanities."(1979).
7) 찰스 다윈, 『종의 기원』, 장대익 옮김, 사이언스북스, 2019.
8) 찰스 다윈, 『인간과 동물의 감정표현에 대하여』, 최원재 옮김, 서해문집, 1998.
9) 대니얼 카너먼, 『생각에 관한 생각』, 이창신 옮김, 김영사, 2018.
10) 대니얼 데닛, 『마음의 진화』, 이희재 옮김, 사이언스북스, 2016.
11) 리처드 도킨스, 『이기적 유전자』, 홍영남·이상임 옮김, 을유문화사, 2023(개정).
12) 마이클 토마셀로, 『생각의 기원』, 이정원 옮김, 이데아, 2017.
13) 위의 책.
14) 위의 책.
15) 리처드 탈러·캐스 선스타인, 『넛지: 복잡한 세상에서 똑똑한 선택을 이끄는 힘』, 이경식 옮김, 리더스북, 2022.
16) 위의 책.
17) 자크 라캉, 『욕망 이론』, 권택영·민승기·이미선 옮김, 문예출판사, 1994.
18) 마이클 셔머, 『도덕의 궤적: 과학과 이성은 어떻게 인류를 진리, 정의, 자유로 이끌었는가』, 김명주 옮김, 바다출판사, 2018.
19) 한병철, 『피로사회』, 김태환 옮김, 문학과지성사, 2012.

20)   위의 책.

21)   위의 책.

22)   위의 책.

23)   이옥순, 『게으름은 왜 죄가 되었나』, 서해문집, 2012.

24)   위의 책.

25)   C.A.반 퍼슨, 『급변하는 흐름 속의 문화』, 강영안 옮김, 서광사, 1994.

26)   한병철, 앞의 책, 2012.

27)   이성복, 앞의 책, 2001.

28)   Biro, D., Listening to Pain: Finding Words, Compassion, and Relief, W.W.Norton & Company, 2011.

29)   아서 프랭크, 『몸의 증언』, 최은경 옮김, 갈무리, 2013.

30)   조너선 하이트, 『바른 마음: 나의 옳음과 그들의 옳음은 왜 다른가』, 왕수민 옮김, 웅진지식하우스, 2014.

31)   이성복, 앞의 책, 2001.

32)   빅터 프랭클, 『빅터 프랭클의 죽음의 수용소에서』, 이시형 옮김, 청아출판사, 2020.

33)   이성복, 앞의 책, 2001.

34)   수전 손택, 『은유로서의 질병』, 이재원 옮김, 이후, 2002.

35)   Frank, Arthur W., Wounded Storyteller, Chicago, 1997.

36)   아서 프랭크, 앞의 책, 2013.

37)   한병철, 앞의 책, 2012.

38)   미셸 푸코, 『주체의 해석학』, 심세광 옮김, 동문선, 2007.

39)   김근배, 『애덤 스미스의 따뜻한 손』, 중앙북스, 2016.

40)   표트르 크로폿킨, 『상호부조 진화론』, 구자옥 옮김, 한국학술정보, 2008.

41)   리처드 도킨스, 앞의 책, 2023(개정).

42)   에드워드 윌슨, 『통섭』, 최재천·장대익 옮김, 사이언스북스, 2005.

43)   스티븐 제이 굴드, 『풀 하우스』, 이명희 옮김, 사이언스북스, 2002.

44)   Matt Ridley, Nature Via Nurture, Fourth Estate, 2004.

45)   열자, 『열자(列子)』 「양주편」.
46)   김병환, 『생명공학과 유가윤리사상』, 새문사, 2017.
47)   김상일, 『동학과 신서학』, 지식산업사, 2000.
48)   방탄소년단, <Answer : Love Myself>.

Collectio Humanitatis pro Sanatione I

자기배려, 스스로 돌보는 몸과 삶

초 판 1쇄 2024년 09월 25일

지은이 강신익
펴낸이 류종렬

펴낸곳 미다스북스
본부장 임종익
편집장 이다경, 김가영
디자인 임인영, 윤가희
책임진행 이예나, 김요섭, 안채원
표지 일러스트 임환재 〈장자의 꿈 03〉
저자 일러스트 신노을
책임편집 이지수, 김남희, 류재민, 배규리, 최금자

등록 2001년 3월 21일 제2001-000040호
주소 서울시 마포구 양화로 133 서교타워 711호
전화 02) 322-7802~3
팩스 02) 6007-1845
블로그 http://blog.naver.com/midasbooks
전자주소 midasbooks@hanmail.net
페이스북 https://www.facebook.com/midasbooks425
인스타그램 https://www.instagram.com/midasbooks

© 치유인문컬렉션 기획위원회, 미다스북스 2024, *Printed in Korea*.

ISBN 979-11-6910-801-0 03100

값 **17,000원**

🔻 미다스북스는 다음세대에게 필요한 지혜와 교양을 생각합니다.